부동산 절세고수의
100문 100답

누구나 쉽게 이해하는 부동산 세금 대책

부동산 절세고수의
100문
100답

김리석 지음

매일경제신문사

많은 분들이 부동산 세금에 대해 생소하다고 생각해서 아는 회계사나 세무사에게 연락해서 문제를 해결하려고 한다. 물론 전문가에게 의뢰해서 문제를 해결하는 방법도 나쁘지는 않다. 하지만 "아는 만큼 보인다"라는 말처럼, 내가 부동산 세금에 대해 어느 정도는 알고 그 지식을 바탕으로 회계사, 세무사에게 이야기하는 것과 '알아서 잘해주겠지' 하면서 나의 부동산 세금을 위임하는 것에는 차이가 크다. 회계사, 세무사도 사람인지라 모든 세법을 다 외우고 모든 사례를 다 알 수는 없기 때문에 서로 같이 이야기하고 찾아보면, 더 좋은 절세 방법이 나오기도 한다. 따라서, 필자는 부동산을 가지고 있는 분들에게 꼭 부동산 세금을 어느 정도는 알고 계시라고 이야기한다. 전문가처럼 다 알 필요는 없다. 적어도 부동산 세금에 관한 내용이 나오면 귀를 열고 공부를 해야 한다. 내가 공부한 것을 바탕으로 적용한 세금이 원래 예상했던 세금보다 줄어들었을 때의 쾌감은 느껴본 자만 알 것이다.

그럼에도 일반 사람들이 이해하기에 부동산 세금은 어렵게만 느껴

진다. 너무나 자주 부동산 세금정책이 발표되고 매년 세법이 개정되면서 변경되는 부동산 세금을 따라가기 힘든게 사실이다. 전문가인 회계사, 세무사조차도 양포자(양도세 포기자)가 나올 정도로 부동산 세금은 어렵다. 필자가 지난 2020년도에 발간한《부동산 절세시대》이후에도 부동산 세금은 계속 바뀌었으며, 지금도 바뀌고 있다. 따라서, 이 책을 쓸 때 저자는 어떻게 하면 독자들에게 부동산 세금에 대한 내용을 잘 전달할까 고민하면서 다음과 같이 책을 구성했다.

첫째, 2023년도에 바뀌는 부동산 세금에 대한 내용을 전면 기재했다.

많은 분들이 2023년도에 바뀌는 부동산 세금에 대해서 생소할 것이다. 매년 초가 되면 사람들이 제일 관심이 있는 부분이 바뀌는 부동산 세금일 것이다. 이에, 2023년도에 개정되는 부동산 세금에 관한 내용을 담아 바뀌는 부동산 세금을 많은 분들이 숙지할 수 있도록 했다.

둘째, 최근 부동산 세금 이슈들을 세목별로 정리해 궁금한 세목을 쉽게 찾을 수 있도록 수록했다.

취득세, 종합부동산세, 종합소득세, 양도세, 부가가치세, 상증세의 세목별로 최근 부동산 세금 이슈들을 Q&A 형식으로 정리해 독자들이 편하게 궁금한 세목들을 확인할 수 있도록 수록했다.

셋째, 많은 분들이 국세청, 행안부, 조세심판원에 문의한 내용을 정리해서 수록했다.

국세청, 조세심판원, 법원에서는 해당 주제를 어떻게 판단하는지, 그들의 시각으로 보았을 때 독자들은 어떻게 준비하고 대처해야 하는지 기재했다.

넷째, 최근 부동산 세무 조사 방향을 기재했다.

부동산을 보유한 사람들은 양도·상속·증여 등 다양한 거래를 할 때 세무조사를 두려워한다. 이에 최근 국세청의 과세 동향에 대해 알 수 있도록 해서 사전에 어떤 리스크가 있는지 체크하도록 했다.

다섯째, 부동산 세금 상담과 관련해 많은 분들이 궁금해하는 내용을 실었다.

부동산 세금과 관련해 많은 상담을 하면서 질문하시는 공통적인 내용을 담아 다른 분들께도 이러한 내용을 공유할 수 있게끔 했다.

그럼에도 불구하고 이 책에는 부동산 세금과 관련된 모든 내용을 다 실을 수 없었다. 다만, 독자에게 이것만은 꼭 알았으면 하는 부동산 세금과 관련된 내용을 담아 부동산 세금에 대해 거부감을 느꼈던 사람들이 조금은 편안하게 다가갔으면 하는 마음이다. 추가로 당부드리고 싶은 말은, 부동산 세금과 관련된 사례는 굉장히 다양하기 때문에 이 책의 내용이 본인의 사례와 다를 수도 있음에도 이를 믿고 했다가는 실수할 수도 있다. 이에, 부동산 세금 관련 절세를 검토하고 진행할 경우에는 반드시 세무 전문가와 먼저 협의하고 진행하기를 바란다.

북극성은 작은곰자리에서 가장 밝은 별로 지구 자전축의 연장선 멀

리에 위치해 있다. 그래서 움직이지 않는 것처럼 보이고, 계절에 상관없이 일 년 내내 볼 수 있다고 한다. 밤하늘에서 위치가 변하지 않기 때문에 옛날 사람들은 북극성을 보고 밤에 길을 찾을 수 있었다고 한다. 필자 또한 북극성처럼 앞으로 부동산 세금에 대해 많은 사람들에게 길잡이가 되고 싶은 마음이다.

책을 쓰는 일은 굉장히 어렵고, 시간적으로 많이 소요되기에 두 번째 책을 편찬하는 데 시간이 많이 걸린 것 같다. 그만큼 이 책을 통해 더욱 더 독자들에게 부동산 세금에 대해 많은 도움이 되고 싶다.

이 책이 세상으로 나오기까지 저자에게 관심 가져주시고 잘 인도해주신 ㈜두드림미디어 한성주 대표님, 부족한 책을 잘 편집해주신 최윤경 팀장님 이외 많은 분들께 이 자리를 빌어 감사의 말씀을 드린다. 저를 지지하고 사랑해주는 모든 분께 이 자리를 빌려 감사하다고 말씀드리고 싶다. 무엇보다 가족의 지지와 응원 덕분에 나 자신이 더 열심히 살고 열정을 가지게 된 것 같아 사랑하는 우리 아내와 우리 아

들, 장인·장모님, 처남·처남댁, 평생을 희생과 헌신으로 나를 위해서
노력해주신 우리 부모님, 먼 타국에 있어 항상 보고 싶은 내 동생에게
무한한 감사함을 전한다.

김리석

C O N T E N T S

제4장. 취득세

제5장. 종합부동산세

제6장. 종합소득세

제7장. 양도소득세

제8장. 부가가치세법

제9장. 상속세 및 증여세법

제1장

2023년부터 적용되는 부동산 세금

제1장은 2023년부터 적용되는 부동산 세금에 관한 내용을 담았다. 매년 부동산 세금은 변경되고 있는데, 2023년부터 적용되는 부동산 세금이 무엇이고, 어떠한 내용들이 바뀌는지 살펴보는 시간을 갖도록 하자.

01. 법인세율 인하(법인)

현행		개정	
□ 법인세율 과세체계		□ 법인세율 인하	
○ 세율 및 과세표준		○ 현행 과세표준 구간별로 세율을 1%p씩 인하	

과세표준	세율	과세표준	세율
2억 원 이하	10%	2억 원 이하	9%
2~200억 원	20%	2~200억 원	19%
200~3,000억 원	22%	200~3,000억 원	21%
3,000억 원 초과	25%	3,000억 원 초과	24%

〈적용 시기〉 2023년 1월 1일 이후 개시하는 사업연도분부터 적용

기존에는 법인세 과세표준 2억 원 이하는 10%, 2억 원 초과부터 200억 원 이하는 20%, 200억 원 초과부터 3,000억 원 이하는 22%, 3,000억 원 초과는 25%의 법인세율을 적용받았으나, 법인세율이 각 과세표준별로 1%씩 인하되도록 개정된다. 따라서 부동산 법인의 경우, 부동산 임대소득과 부동산 양도에 대한 법인세의 부담이 조금 줄어들 것이다.

02. 소득세 과세표준 구간 조정(개인)

현행		개정안	
□ 소득세 과세표준 및 세율		□ 과세표준 조정	

과세표준	세율	과세표준	세율
1,200만 원 이하	6%	1,400만 원 이하	6%
1,200만 원~4,600만 원 이하	15%	1,400만 원~5,000만 원 이하	15%
4,600만 원~8,800만 원 이하	24%	5,000만 원~8,800만 원 이하	24%
8,800만 원~1.5억 원 이하	35%	8,800만 원~1.5억 원 이하	35%
1.5억 원~3억 원 이하	38%	1.5억 원~3억 원 이하	38%
3억 원~5억 원 이하	40%	3억 원~5억 원 이하	40%
5억 원~10억 원 이하	42%	5억 원~10억 원 이하	42%
10억 원 이하 초과	45%	10억 원 이하 초과	45%

〈적용 시기〉 **2023년 1월 1일 이후 발생하는 소득분부터 적용**

소득세 과세표준이 구간에 따라 세율 적용에 차등이 생기는 것으로 개정된다. 당초 과세표준이 1,200만 원 이하는 6%, 1,200~4,600만 원 이하는 15%, 4,600~8,800만 원 이하는 24%의 세율을 적용받았으나, 1,400만 원 이하까지는 6%, 1,400~5,000만 원 이하는 15%, 5,000~8,800만 원 이하는 24%의 세율을 적용받도록 개정된다. 따라서 임대소득에 대한 과세표준이 나오는 사람이나 양도소득세(이하 양도세) 과세표준이 나오는 사람의 경우, 혜택을 받을 수 있다.

03. 주택임대소득 과세 고가주택 기준 인상(개인)

현행	개정안
□ 주택임대소득 과세* 고가주택 기준 *1주택 중 고가주택 보유자 및 2주택 이상 보유자의 월세 임대소득 과세	□ 고가주택 기준 합리화
○ 기준시가 9억 원 초과	○ 기준시가 12억 원 초과

〈적용 시기〉 **2023년 2월 28일이 속하는 과세기간 분부터 적용**

　1주택 가운데 고가주택을 보유하는 사람에 대한 월세 임대소득은 과세되었다. 그런데 해당 고가주택의 기준이 기존에는 기준시가 9억 원 초과였는데, 양도소득세 1세대 1주택 비과세 고가주택의 기준이 9억 원에서 12억 원으로 상향됨에 따라 소득세도 고가주택의 기준을 12억 원 초과로 상향시켰다.

04. 과표 12억 원 이하 및 조정대상지역 2주택에 대한 중과 폐지(법인, 개인)

현행	수정안
☐ 주택분 종합부동산세(이하 종부세) 세율	☐ 과표 12억 원 이하 및 조정대상지역 2주택에 대한 중과 폐지

과세표준	2주택 이하	3주택 이상*
3억 원 이하	0.6%	1.2%
3억 원 초과 6억 원 이하	0.8%	1.6%
6억 원 초과 12억 원 이하	1.2%	2.2%
12억 원 초과 50억 원 이하	1.6%	3.6%
50억 원 초과 94억 원 이하	2.2%	5.0%
94억 원 초과	3.0%	6.0%
법인	3.0%	6.0%

*조정대상지역 2주택 포함

과세표준	2주택 이하*	3주택 이상
3억 원 이하	0.5%	
3억 원 초과 6억 원 이하	0.7%	
6억 원 초과 12억 원 이하	1.0%	
12억 원 초과 50억 원 이하	1.3%	2.0%
25억 원 초과 94억 원 이하	1.5%	3.0%
50억 원 초과 94억 원 이하	2.0%	4.0%
94억 원 초과	2.7%	5.0%
법인	2.7%	5.0%

*조정대상지역 2주택 포함

〈적용 시기〉 2023년 1월 1일 이후 납세의무가 성립하는 분부터 적용

당초 주택분 종합부동산세의 경우, 2주택 이하와 3주택 이상을 구분해 2주택 이하일 때는 0.6~3%의 종합부동산세율을 적용하고, 3주택 이상의 경우 1.2~6%의 종합부동산세율을 적용했다. 조정대상지역 2주택을 보유하는 자는 3주택 이상으로 보아 3주택 이상의 세율 구간 1.2~6%를 적용했다. 다만, 2023년부터는 주택수에 관계없이 과세표준 12억 원 이하는 0.5~1.0%의 종부세율을 적용받도록 했고, 과세표준 12억 원 초과부터 주택수에 따라 중과세율에 차등을 두도록 했다. 또한, 조정대상지역 2주택을 보유하는 자는 2주택 이하의 세율을 적용받도록 했다.

법인의 경우 단일세율로 2주택 이하는 3%, 3주택 이상은 6%의 세율을 적용받았으나, 2주택 이하(조정대상지역 2주택 포함) 2.7%, 3주택 이상 5%의 세율을 적용받도록 했다. 2023년 이후 납세의무가 성립하는 분부터 적용하도록 해서 2023년 종부세 고지서를 받는 분부터는 해당 세율을 적용받는다고 생각하면 된다.

05. 주택분 종합부동산세 기본공제금액 상향(개인)

현행	개정안
☐ **주택분 종부세 기본공제금액** 　*주택분 종부세 과세표준 = 　공시가격 합산액 − 기본공제금액	☐ **기본공제금액 조정**
○ **(일반)** 6억 원	○ 6억 원 → 9억 원
○ **(1세대 1주택자)** 11억 원	○ 11억 원 → 12억 원
○ **(법인)** 기본공제 없음	○ (좌동)

〈**적용 시기**〉 **2023년 1월 1일 이후 납세의무가 성립하는 분부터 적용**

　종부세 과세표준은 내가 보유하고 있는 주택의 모든 공시가격을 합한 다음, 기본공제금액을 차감한 금액으로 계산하는데, 기존에 1세대 1주택자는 11억 원, 그 외의 자는 6억 원까지 공제했다. 2023년 종부세 고지서를 받는 분부터는 1세대 1주택자는 12억 원, 그 외의 자는 9억 원까지 공제하고, 그 초과하는 금액에 대해 종부세를 낸다고 생각하면 된다.

06. 주택분 종합부동산세 세부담 상한 조정(개인)

현행	개정안
□ **주택분 종부세 세부담 상한*** *전년도 주택분 세액 대비 일정 비율 초과분 과세 제외	□ **세담 상한 조정**
○ **(2주택 이하) 150%** ○ **(3주택 이상*) 300%** *조정대상지역 2주택 포함	○ **150%**
○ **(법인)** 상한 없음	○ (좌동)

〈**적용 시기**〉 **2023년 1월 1일 이후 납세의무가 성립하는 분부터 적용**

주택분 종부세의 경우, 전년도 주택분 세액 대비 일정 비율을 초과하는 분에 대해서는 과세를 하지 않도록 했다. 즉, 작년 대비 올해 주택의 공시가격이 많이 올랐다고 그 부분만큼 종부세를 내도록 하면 납세자들의 부담이 클 것이라 이를 방지하도록 작년 대비 일정 비율까지만 과세하도록 했다. 기존 2주택 이하라면 작년 대비 150%, 3주택 이상(조정대상지역 2주택 포함)이라면 300%를 초과하는 분에 대해서는 올해 종부세로 과세하지 않도록 했는데, 2023년 종부세 고지서를 받는 분부터는 주택수와 관계없이 작년 대비 150%를 초과하는 분에 대해서는 과세하지 않도록 개정되었다. 다주택자의 종부세 부담이 조금은 완화될 예정이다.

07. 양도소득세 필요경비 계산 특례 합리화(개인)

현행	개정안
□ **양도소득세 필요경비 계산 특례**	□ **적용 기간 확대**
○ **(개념)** 증여자의 취득가액을 기준으로 양도차익을 계산*해 수증자에게 양도소득세를 과세 *증여세는 필요경비에 산입 ○ **(요건)** ① & ② & ③ ① **(양도 대상)** 배우자 또는 직계존비속에게 증여받은 부동산 등* *분양권, 종합원 입주권, 회원권 등	○ (좌동)
② **(적용 기간)** 증여일로부터 5년 이내 양도	② 5년 → 10년
③ **(적용 제외)** 다음 어느 하나에 해당하지 않을 것 - 증여 후 2년 이내 사업인정고시 및 협의 매수 또는 수용된 경우 - 이월과세 적용 시 1세대 1주택 또는 일시적 2주택에 해당해 비과세되는 경우 - 이월과세 미적용 양도세액이 적용한 양도세액보다 더 큰 경우	○ (좌동)

《적용 시기》 **2023년 1월 1일 이후 증여받는 분부터 적용**

　2022년 7월 세법 개정안에서는 이러한 내용으로 개정된다고 정부에서 발표된 이후 2022년 말까지 배우자 또는 직계존비속에게 부동산을 증여하는 건들이 많았다. 배우자(또는 직계존비속) 이월과세라는 말은 많이들 아실 테지만, 간단히 설명하면 다음과 같다.

　배우자 이월과세라는 것은 예를 들어, 남편이 취득한 부동산의 가격이 3억 원인데, 남편 명의로 부동산을 제삼자에게 6억 원에 팔면 양도차익 3억 원에 대한 양도세를 내야 하는데(Case 1), 남편이 아내에게 부동산을 증여하고 바로 제삼자에게 팔면 아내는 증여세 부담이 없는 채로(과거 10년간 증여가 없었다면 6억 원까지 배우자 증여공제 가능) 양도세 부담까지 없어 세금 부담의 회피가 있었다(Case 2).

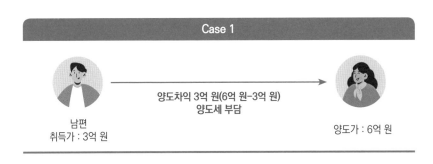

Case 1

양도차익 3억 원(6억 원-3억 원)
양도세 부담

남편
취득가 : 3억 원

양도가 : 6억 원

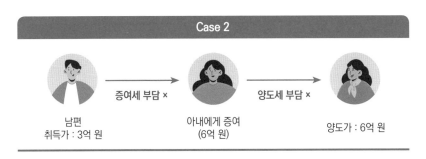

Case 2

증여세 부담 ×

양도세 부담 ×

남편
취득가 : 3억 원

아내에게 증여
(6억 원)

양도가 : 6억 원

이러한 세금 부담의 회피를 방지하기 위해 세법에서는 배우자 또는 직계존비속에게 토지, 건물, 분양권, 조합원 입주권, 회원권 등 특정시설물 이용권을 증여하는 경우, 증여받은 날부터 5년 이내에 양도하면 배우자(또는 직계존비속)가 양도할 때, 그 배우자(또는 직계존비속)의 취득가액을 증여가액(증여받은 경우, 증여받은 당시의 시가를 증여받은 자의 취득가액으로 한다)이 아닌 당초 배우자(즉, 증여한 남편)의 취득가액으로 계산하도록 한 것인데, 이것이 배우자 이월과세다.

우리 Case의 경우 배우자 이월과세를 적용한다면, 아내가 증여받은 가액인 6억 원이 취득가액이 아니라 당초 남편의 취득가액인 3억 원을 취득가액으로 해서 양도차익 3억 원으로 계산하게 되는 것이다. 즉, Case 2가 아닌 Case 1처럼 계산하게 되는 것이다. 따라서, 많은 세무사, 회계사분들이 배우자 또는 직계존비속에게 증여하더라도 5년 이후에 양도하라고 하는 것은 이렇게 취득가액 자체를 당초 증여한 자의 취득가액으로 적용하기 때문이다.

하지만 세법에서는 이러한 배우자 또는 직계존비속에게 증여를 통한 양도세 회피를 방지하기 위해 2023년 이후 증여받는 분부터는 5년이 아닌 10년 이후에 양도해야 양도세 이월과세를 피할 수 있다.

08. 증여재산에 대한 양도소득 부당행위계산의 부인 합리화(개인)

현행	개정안
□ 증여자산에 대한 양도소득 부당행위 계산의 부인	□ 적용 기간 확대
○ (개념) 증여자의 취득가액을 기준으로 양도차익을 계산*해 증여자에게 양도소득세를 과세 *증여세는 부과하지 않음	
○ (요건) ① & ② & ③ & ④	○ (좌동)
① (양도 대상) 배우자 및 직계존비속*을 제외한 특수관계자에게 증여받은 자산 *§97의 2① 적용받은 경우	
② (적용 기간) 증여일로부터 5년 이내 양도	② 5년 → 10년
③ (부당 감소) ⓐ 〈 ⓑ ⓐ 부당행위계산 부인 미적용 양도세액 +증여세액 ⓑ 부당행위계산 부인 적용 양도세액	○ (좌동)
④ (적용 제외) 양도소득이 수증자에게 실질적으로 귀속되는 경우가 아닐 것	

〈적용 시기〉 **2023년 1월 1일 이후 증여받는 분부터 적용**

배우자 및 직계존비속을 제외한 특수관계자에게 증여받은 자산의 경우에도 앞선 양도세 이월과세와 동일하게 증여 후 5년 이내에 양도하면, 그 증여한 자의 취득가액을 기준으로 양도차익을 계산하도록 했다. 다만, 배우자 이월과세가 10년으로 연장되어, 해당 규정도 동일하게 5년에서 10년으로 연장되었다.

09. 종합부동산세 경정청구 대상 확대(법인, 개인)

현행	개정안
□ 납세자가 과세표준 및 세액을 **과다하게 신고한 경우 경정청구** 가능	□ **종합부동산세 경정청구 대상 확대**
○ **(신고 기한)** 법정 신고 기한이 지난 후 5년 이내	○ (좌동)
○ **(신고 대상)** – 과세표준신고서 또는 기한 후 과세표준신고서를 제출한 자	
〈추가〉 ※ 종합부동산세의 경우, 신고·납부한 경우에만 경정청구 가능	종합부동산세를 부과·고지받아 납세한 납세자

〈적용 시기〉 2023년 1월 1일 이후 경정청구 하는 분부터 적용

종합부동산세의 경우 부과 방식(세무서에서 고지서를 발급하는 방식)과 신고 방식(납세자가 직접 종합부동산세를 신고하는 방식) 중 납세자가 선택하는 방식으로 할 수 있다. 기존에는 부과 방식으로 고지서를 받아 납부하더라도 만약 내가 잘못 부과받아 납부한 종합부동산세를 돌려달라고 할 수 없었다. 이제는 부과 방식으로 고지서를 발급받아 납부하는 납세자라도 내가 잘못 낸 종합부동산세가 있는 경우, 이를 돌려달라고 하는 경정청구를 2023년 이후 진행할 수 있게 되었다.

10. 착한 임대인 세액공제 적용기한 연장(법인, 개인)

현행	개정안
□ 상가임대료 인하 임대사업자의 임대료 인하액 세액 공제	□ 적용 기한 연장
○ (공제율) 임대료 인하액의 70% (종합소득금액이 1억 원 초과 시 50%) ○ (임대인) '상가임대차법'상 부동산 임대사업자 ○ (임차인) '소상공인기본법'상 소상공인, 임대차계약 기간이 남은 폐업 소상공인	○ (좌동)
○ (적용기간) 2022.12.31.	2023.12.31.

착한 임대인 세액공제는 임대인 입장에서 임차인에게 임대료를 기존보다 인하해서 받는다면, 그 인하액의 70%, 만약 종합소득금액이 1억 원을 초과하는 경우, 인하액의 50%를 소득세 또는 법인세 신고 시 공제한다는 제도다. 착한 임대인 세액공제 적용기한이 원래는 2022년 12월 31일까지였는데, 적용기한을 1년 연장해서 2023년 12월 31일까지로 적용받을 수 있도록 했다. 아무래도 소상공인의 경우, 임차료 부담이 크기 때문에 이렇게 소상공인의 임차료 부담을 줄여주는 임대인에게 세액공제를 통해 세제혜택을 주도록 하는 기간을 연장한 것이다.

11. 일시적 2주택 양도세 특례 요건 완화(개인)

현행	개정안
□ 일시적 1세대 2주택자에 대한 1세대 1주택 비과세 특례* 요건 : ①+② *1주택자가 신규주택 취득 시 양도 기한 내 종전주택 양도하는 경우 1세대 1주택으로 보아 비과세 적용	□ 주택 소재지 구분 없이 종전주택 양도 기한을 3년으로 완화
① (신규주택 취득 기간) 종전주택 취득일부터 1년 이상 경과	○ (좌동)
② (종전주택 양도 기한) – (조정 → 조정*) 신규주택 취득일부터 **2년** 이내 *신규주택 취득 시점 기준 종전·신규주택 소재지가 모두 조정대상지역인 경우 – (그외) 신규주택 취득일부터 **3년** 이내	○ 신규주택 취득일부터 <u>3년</u> 이내

〈적용 시기〉 **2023년 1월 12일 이후 양도하는 분부터 적용**

일시적 2주택 규정의 경우 종전주택과 신규주택이 모두 조정대상지역일 때는, 종전주택을 취득하고 1년이 지난 다음에 신규주택을 취득하고 신규주택의 취득일부터 2년 내 종전주택을 양도하면, 종전주택에 대한 양도세 비과세를 적용받을 수 있었다(2022년 5월 10일 이후 양도하는 분부터 적용).

종전주택과 신규주택이 모두 조정대상지역이 아닌 주택의 경우에는 신규주택의 취득일부터 3년 내 종전주택을 양도하면 종전주택에 대한 양도세 비과세를 적용받을 수 있었다. 이제는 조정 대상 여부와 관계없이 신규주택 취득일로부터 3년 이내에 종전주택을 팔면 양도세 비과세를 적용받을 수 있도록 시행령이 개정되었고, 해당 내용은 2023년 1월 2일 이후 양도하는 분부터 적용하도록 해 소급해서 해당 규정을 적용받을 수 있게 되었다.

12. 종부세 주택수 특례 적용 대상 일시적 2주택 기간 요건 완화(개인)

현행	개정안
□ 종부세 주택수 특례* 적용되는 일시적 2주택 요건 *1세대 1주택자 판정 시 주택수 제외	□ 일시적 2주택 기간 확대
○ 과세기준일 현재 **신규주택** **취득일**부터 **2년**이 경과하지 않을 것	2년 → 3년

〈개정 이유〉 일시적 2주택자 부담 경감

〈적용 시기〉 2023년 2월 28일 이후 납세의무가 성립하는 분부터 적용

〈특례 규정〉 2023년 2월 28일 전 일시적 2주택 신청한 경우에도 적용

종부세 기본공제를 적용할 때 1세대 1주택자의 경우 12억 원, 그 외의 자의 경우에는 9억 원을 공제한다. 이때, 일시적 2주택자의 경우라면 예외적으로 1세대 1주택자로 보아 12억 원의 기본공제를 적용한다. 또한, 일시적 2주택자의 경우 신규주택은 종합부동산세 세율 적용 시 주택수에서 제외한다.

이러한 일시적 2주택자는 기존에는 종전주택을 보유하고 있는 자가 신규주택을 취득해 2주택이 된 경우로서 과세기준일(매년 6월 1일) 현재, 신규주택을 취득한 날부터 2년이 지나지 않은 경우였다. 다만,

2023년 6월 1일 이후부터는 신규주택 취득일부터 3년이 경과하지 않는다면, 1세대 1주택자의 기본공제 및 주택수 계산 시 특례를 적용받을 수 있다. 또한, 2023년 2월 28일 전에 일시적 2주택을 신청한 경우에도 적용받을 수 있어 소급해서 이러한 혜택을 누릴 수 있다.

13. 취득세 중과세율 특례 적용 대상 일시적 2주택 기간 요건 완화(개인)

현행	개정안
□ 일시적 1세대 2주택자에 대한 1세대 1주택 비과세 특례* 요건 : ① * 1주택자가 신규주택 취득 시 양도기한 내 종전주택 양도하는 경우 신규주택 취득 시 1세대 1주택자의 취득세율 적용	□ 주택 소재지 구분 없이 종전주택 양도 기한을 3년으로 완화
① (종전주택 양도기한)	○ (좌동)
- (조정→조정*) 신규주택 취득일부터 **2년** 이내 *신규주택 취득 시점 기준 종전·신규주택 소재지가 모두 조정대상지역인 경우 - (그 외) 신규주택 취득일부터 **3년** 이내	○ 신규주택 취득일부터 <u>3년</u> 이내

〈적용 시기〉 **2023년 1월 12일 이후 종전주택을 처분하는 분부터 적용**

양도세 일시적 2주택과 유사하게 취득세에서도 일시적 2주택자에 대해 신규주택 취득 시 1주택자로 보아 1주택자에 대한 취득세율을 적용하도록 했다. 기존에는 종전주택과 신규주택이 모두 조정대상지역에 있는 경우, 신규주택 취득일로부터 2년 이내, 그 외 지역이라면 신규주택 취득일로부터 3년 이내에 종전주택 양도 시 신규주택 취득세율을 1주택자의 취득세율로 적용받도록 했다.

다만, 2023년 1월 12일 이후 종전주택을 처분하는 경우라면 주택 위치에 상관없이 3년 이내에 종전주택을 팔면 신규주택 취득세율을 1주택자의 취득세율로 소급 적용받을 수 있다.

※ 양도세, 취득세, 종부세 일시적 2주택 기간 연장 정리

앞서 언급한 양도세, 취득세, 종부세 기한 연장에 관해 정리하면 다음과 같다.

〈양도세, 취득세, 종부세 종전주택 처분기한〉

현행	개정안
□ 일시적 1세대 2주택 특례 종전주택 처분기한	□ 세목 및 주택 소재지 구분 없이 3년으로 처분기한 연장
○ 양도소득세 및 취득세 특례	
- (조정→조정*) 신규주택 취득일부터 **2년** 이내 * 신규주택 취득 시점 기준 종전·신규 주택 모두 조정대상지역	○ 신규주택 취득일부터 **3년** 이내
- (그 외) 신규주택 취득일부터 **3년** 이내	
○종합부동산세 특례	
- 신규주택 취득일부터 **2년** 이내	

14. 상생임대주택 양도세 특례 요건 완화(개인)

현행	개정안
☐ **상생임대주택**에 대한 **양도세 특례* 임대 기간** *1세대 1주택 비과세 및 장특공제 거주요건 2년 면제 ○ **상생임대차계약***에 따른 **임대 기간 : 2년 이상** *① 직전계약 대비 임대보증금 또는 임대료 증가율 5% 이하 ② 주택 매수 후 체결 ③ 주택 매수 시 승계받은 계약 제외 ④ 2021.12.20~2024.12.31 체결 ○ **직전 계약에 따른 임대 기간 : 1년 6개월 이상**	○ (좌동)
☐ **임대 기간 계산 특례** ○ 임대 기간이 1개월 미만인 경우 1개월로 간주 **〈추가〉**	☐ **특례사유 추가** ○ (좌동) ○ 임차인의 사정으로 임대를 계속할 수 없는 경우로서 기획재정부령으로 정하는 요건*에 해당하는 경우 종전계약과 신규계약 임대 기간 합산 *임차인이 스스로 퇴거 후 종전계약보다 보증금과 임대료를 낮춰 새로운 임차인과 신규계약 체결하는 경우 등

〈적용 시기〉 **2023년 2월 28일 이후 양도하는 분부터 적용**

상생임대주택의 요건을 만족하는 임대인의 경우에는 1세대 1주택 비과세 적용 및 장기보유특별공제 적용 시 거주요건 2년을 채우지 않아도 거주한 것으로 보는 특례가 있다. 상생임대차계약에 따른 임대 기간이 2년 이상이고, 직전 계약에 따른 임대 기간이 1년 6개월 이상이어야 하는데, 상생임대차계약은 다음의 4가지 요건을 모두 만족해야 한다.

〈상생임대차계약 요건〉

① 직전 계약 대비 임대보증금 또는 임대료 증가율 5% 이하일 것

② 주택 매수 후 상생임대차 계약을 체결할 것

③ 주택 매수 시 승계받은 임대차계약은 제외함

④ 2021.12.20~2024.12.31 체결한 임대차계약일 것

이때, 임대 기간의 계산은 임차인의 사정으로 임대를 계속할 수 없고, 일정요건(임차인이 스스로 퇴거 후 종전계약보다 보증금과 임대료를 낮춰 새로운 임차인과 신규계약 체결하는 경우 등)에 해당하는 경우, 종전계약과 신규계약 임대 기간을 합산하도록 개정되었다.

15. 부담부증여 시 기준시가 산정 방법 합리화(개인)

현행	개정안
□ 임대보증금 있는 임대차계약이 체결된 주택을 **부담부증여** 시 양도로 보는 **채무액**의 **양도가액** 및 **취득가액**	□ 취득가액을 기준시가로 일원화
○ **양도가액**	
– (원칙) 시가(실지거래가액)	○ (좌동)
– (예외) 시가 산정이 어려운 경우 : MAX[(평가가액, 임대료 등의 환산가액*), 임대보증금] *(1년 임대료÷12%) + 임대보증금	
○ **취득가액**	○ **취득가액**
– (양도가액이 **평가가액 또는 임대료 등의 환산가액인 경우**) : 기준시가	– 기준시가
– (양도가액이 **임대보증금인 경우**) : **실지거래가액**	

〈적용 시기〉 **2023년 2월 28일 이후 양도하는 분부터 적용**

부담부증여란, 나의 부채를 부담하는 조건으로 증여하는 것을 말한다. 이때 증여자는 나의 부채를 상대방에게 넘긴 부분에 대한 양도세를 내야 하고, 증여받는 자는 증여받는 자산에서 부채를 차감한 금액을 증여재산가액으로 해서 증여세를 내야 한다. 부담부증여의 경우,

절세의 수단으로 많이들 활용을 했는데, 간단히 부담부증여가 왜 유리한지 살펴보자.

예를 들어, 아버지가 아들에게 주택을 증여하는데 주택의 시세는 8억 원, 임대보증금은 6억 원이라고 가정해보자. 이때 아버지가 임대보증금을 갚고, 아들에게 주택만 증여하는 단순증여의 경우 아들은 주택시세 8억 원에 대한 증여세를 부담해야 한다. 만약, 부담부증여로 아버지가 임대보증금을 아들에게 넘긴 부분에 대해서는 임대보증금 가액에 아버지의 주택취득에 따른 취득가액을 차감한 금액에 대한 양도세 6억 원(우리 사례에서는 아버지 주택취득가액은 0으로 가정한다), 아들은 아버지로부터 받은 주택시세 8억 원에 임대보증금 부채 6억 원을 차감한 2억 원에 대한 증여세를 부담해야 한다.

같은 소득이더라도 아버지와 아들에게 소득을 분산시키는 부담부증여의 경우, 소득을 분산시켜 낮은 세율을 적용받을 수 있기 때문에 부담부증여가 단순증여보다 일반적으로 더 유리하다.

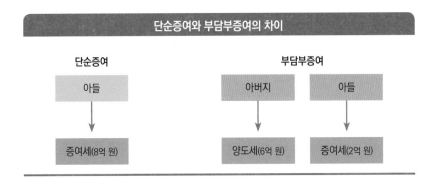

이때, 현행 규정대로라면 아버지의 양도세를 계산할 때는 양도가액은 실지거래가액, 시가 산정이 어려운 경우라면 Max[(상증법에 따른 평가가액, 임대료등의 환산가액), 임대보증금]으로 평가하며, 취득가액은 양도가액이 임대보증금인 경우에는 실지거래가액으로, 양도가액이 평가가액 또는 임대료 등의 환산가액이라면 기준시가로 계산했다.

예를 들어, 2018년도에 아버지가 시세 6억 원(기준시가 : 4.8억 원)에 아파트 1채를 취득했고, 전세보증금은 4억 원으로 임대하다가 2022년에 시세 10억 원인 아파트를 부담부증여로 아들에게 증여하려고 한다고 가정해보자.

현행 규정대로 부담부증여를 진행하면, 다음과 같이 양도차익이 7.6억 원으로 계산된다.

구분	금액	계산 내역
양도가액	10억 원	10억 원(상증세법에 따른 평가액) x 4억 원(채무액) / 10억 원(증여가액)
– 취득가액	2.4억 원	6억 원(실지거래가액) x 4억 원(채무액) / 10억 원(증여가액)
= 양도차익	7.6억 원	

다만, 2023년 2월 28일 이후 양도하는 분부터는 취득가액을 계산할 때 양도가액의 계산 방법과 관계없이 기준시가로 계산하며, 바뀐 규정에 따라 양도차익을 계산하면 다음과 같다.

구분	금액	계산 내역
양도가액	10억 원	10억 원(상증세법에 따른 평가액) x 4억 원(채무액) / 10억 원(증여가액)
– 취득가액	1.92억 원	4.8억 원(기준시가) x 4억 원(채무액) / 10억 원(증여가액)
= 양도차익	8.08억 원	

　이는 부담부증여를 활용한 조세회피를 방지하기 위한 목적으로 증여한 자에게도 양도세를 더 부담하도록 개정된 것이다.

16. 다주택자 양도소득세 중과
한시 배제 1년 연장(개인)

　원래 다주택자가 조정지역지역 내 주택을 양도할 때는 중과세율을 적용하고, [기본세율(6~45%) + 20%p(2주택) 또는 30%p(3주택 이상)] 장기보유특별공제 적용을 배제했다. 그러다 보니 다주택자가 주택 물량을 시장에 내놓지 않는 상황이 발생함에 따라 정부에서는 한시적으로 보유 기간 2년 이상인 조정대상지역 내 주택을 2022년 5월 10일부터 2023년 5월 9일까지 양도할 때는 기본세율을 적용하고 장기보유특별공제를 적용하도록 했다. 추가로 해당 기간을 1년 늘린 2024년 5월 9일까지 양도하는 주택에 대해서 그 혜택을 적용받도록 한 것이다.

현행	개정안
□ 다주택자가 조정대상지역 내 주택 양도 시 양도세 중과 제외 대상	□ 보유 기간 2년 이상 주택에 적용되는 중과배제 2년 연장
○ 비수도권 3억 원 이하 주택 ○ 장기임대주택, 장기어린이집 ○ 조특법상 감면 대상 주택 ○ 장기사원용 주택 ○ 상속주택, 문화재주택 ○ 동거봉양, 혼인, 취학, 근무, 질병 등 사유로 인한 일시적 2주택 등	○ (좌동)
○ **보유 기간 2년 이상**으로서 2022년 **5월 10일**부터 **2023년 5월 9일**까지 양도하는 주택	○ 보유 기간 2년 이상으로서 2022년 5월 10일부터 **2024년 5월 9일**까지 양도하는 주택

17. 부동산 분양권 공급 시 계산서 발급 의무 면제(법인)

현행	개정안
□ 계산서 작성·발급 의무 면제 대상	□ 면제 대상 추가
○ 법인이 **토지 및 건축물**을 공급하는 경우	○ (좌동)
〈추가〉	○ 법인이 토지와 건물의 **분양권**을 공급하는 경우

〈적용 시기〉 **2023년 1월 1일 이후 개시하는 사업연도부터 적용**

법인이 기존에는 토지 및 건축물을 공급하는 경우에는 계산서 작성 및 발급 의무가 없었는데, 추가로 분양권을 공급하는 경우까지 확대되어 분양권을 공급하는 경우에도 계산서 작성 및 발급 의무가 없도록 개정되었다.

18. 종부세 주택수 특례 적용되는 지방 저가주택 적용 범위 확대(개인)

현행	개정안
□ 종부세 주택수 특례* 적용되는 지방 저가주택 요건(①, ② 모두 충족) *1세대 1주택자 판정 시 주택수 제외 ① 공시가격 3억 원 이하 ② 비수도권으로서 광역시(군 제외)·특별자치시(읍·면 제외) 아닌 지역	□ 지방 저가주택 적용 범위 확대 ① (좌동) ② 다음 중 하나에 해당하는 지역에 소재하는 주택 – 비수도권으로서 광역시(군 제외)·특별자치시(읍·면 제외) 아닌 지역 – 인구 감소지역*과 접경지역** 모두에 해당하는 수도권지역으로서 부동산 가격 동향들을 고려해 기획재정부령으로 정하는 지역*** *'국가균형발전특별법' §2 **'접경지역지원특별법' §2 ***강화군·옹진군·연천군

〈적용 시기〉 **2023년 2월 28일 이후 납세의무가 성립하는 분부터 적용**

　종부세 기본공제를 적용할 때 1세대 1주택자의 경우 12억 원, 그 외의 자의 경우에는 9억 원을 공제한다. 이때, 1주택자가 소유하는 지방 저가주택의 경우라면, 예외적으로 1세대 1주택자로 보아 12억 원의 기본공제를 적용한다. 또한, 지방 저가주택은 종합부동산세 세율 적용 시 주택수에서 제외시킨다. 이러한 지방 저가주택의 적용 범위가 이번에 확대되어 적용될 예정이다.

제2장

정부에서 추가로 개정을 논의 중인 부동산 세금

제2장은 정부에서 추가 검토 중인 부동산 세금에 관한 내용을 담았다. 아직 세법이 개정되지는 않았지만, 정부의 발표를 통해 검토 중인 세금 내용으로 향후 부동산 세금이 어떻게 바뀔지에 대한 방향을 제시할 수 있어 도움이 되리라 생각된다.

2023년 경제 정책 방향

정부에서는 2022년 12월 21일 '2023년 경제 정책 방향'이라는 자료를 발표해 세제혜택을 주려고 시도하고 있다. 아직 법이 통과되지 않아 시행되고 있지는 않으나, 정부의 세금 정책 방향을 살펴볼 수 있는 내용인 것 같아 공유하고자 한다.

01. 다주택자에 대한 취득세 중과제도 완화

〈개인〉

구분	1주택	2주택	3주택	4주택 이상
조정대상지역	1~3%	8% → 1~3%	12% → 6%	12% → 6%
비조정대상지역	1~3%	1~3%	8% → 4%	12% → 6%

현행 취득세법에서는 개인이 조정대상지역에 있는 2번째 주택을 취득하면 8%, 조정대상지역에 있는 3주택을 취득하면 12%, 비조정대상지역에 있는 3주택을 취득하면 8%, 4주택 이상이라면 조정대상지역 여부와 관계없이 12%의 취득세율을 적용받는다. 다만, 추후 정부에서는 2주택까지는 1~3%, 조정대상지역에 있는 3주택을 취득하면 6%, 비조정대상지역에 있는 3주택을 취득하면 4%, 4주택 이상이라면 조정대상지역 여부와 관계없이 6%의 취득세율을 적용한다고 발표했다.

〈법인〉

법인 취득세율은 취득하는 주택수와 관계없이 무조건 12%였으나, 6%로 인하해서 적용한다고 발표했다.

02. 분양권 및 주택, 입주권의 단기 양도세율 조정(개인)

구분	현행	개선
분양권	1년 미만 70%	1년 미만 45%
	1년 이상 60%	1년 이상 → 폐지
주택·입주권	1년 미만 70%	1년 미만 45%
	1~2년 60%	1년 이상 → 폐지

　현행 분양권의 경우 1년 미만은 70%, 1년 이상은 60%의 양도세율을 적용받고 있으나, 정부에서는 1년 미만은 45%, 1년 이상은 기본세율을 적용받도록 발표했다. 주택, 입주권의 경우 1년 미만은 70%, 1년 이상~2년 미만은 60%의 양도세율을 적용받고 있으나, 정부에서는 1년 미만 45%, 1년 이상은 기본세율을 적용받도록 발표했다.

03. 아파트 임대사업자의 일부 부활[국민주택 규모 장기 아파트(전용면적 85㎡ 이하) 등록 재개]

구분		현행(2020년 7월 전면축소)	개선
4년 (단기)	건설임대	폐지	-
	매입임대	폐지	-
장기 (10년)	건설임대	존치	-
	매입임대	축소(非아파트만 허용)	**복원**(85㎡ 이하 APT)

현재 아파트의 경우 장·단기와 관계없이 임대사업자로 등록이 불가하고, 아파트를 제외한 오피스텔, 다세대주택, 다가구주택 등의 주택에 한정해 장기 10년 매입임대를 적용받도록 하고 있다. 그러다 보니 아파트에 대한 임대사업자 혜택 축소에 대한 우려가 있어 아파트 중 전용면적 85㎡ 이하의 경우, 장기 10년으로 재등록을 추진할 예정이다. 이 경우, 지방세와 국세는 다음과 같은 혜택을 받을 수 있다.

〈지방세〉 - 취득세 감면

임대사업자가 임대할 목적으로 건축주로부터 아파트를 최초로 분양받은 경우, 임대사업자에게 주택규모에 따라 60㎡ 이하는 85~100%, 60~85㎡는 50%의 취득세 감면을 적용받도록 한다. 이 경우 60㎡ 이하는 1호 이상, 60~85㎡는 20호 이상 임대해야 하며, 취득 당시 수도권은 6억 원 이하, 비수도권은 3억 원 이하의 금액요건을 만족해야 이러한 감면혜택을 받을 수 있다.

〈국세〉 – 기존에 폐지한 세제혜택 중 일부를 합리적인 수준으로 복원하고, 추가 인센티브 제공

- 수도권 6억 원(비수도권 3억 원) 이하 아파트 보유 임대사업자가 10년 이상 임대로 줄 경우, 양도세 중과배제, 종부세 합산배제, 법인세 추가 과세 세율도 적용하지 않도록 발표했다.
- 의무 임대 기간을 10년에서 15년까지 확대 적용하는 사업자에게는 추가로 세제 인센티브를 받을 수 있는 주택가액 요건을 추가로 완화해주기로 했다. 이 경우 의무 임대 기간이 10년의 경우, 수도권 6억 원(비수도권 3억 원) 이하인데 만약 의무 임대 기간을 15년으로 확대하는 경우, 수도권 9억 원(비수도권 6억 원)까지 주택가액을 확대하기로 발표했다.

기획재정부 발표 자료 - 종부세·양도세 등 부동산 세제 보완 추진

정부는 지난 2023년 1월 26일에 종부세·양도세 등의 부동산 세제 보완 방안을 추진하기로 논의했다. 그 내용을 살펴보면 다음과 같다.

04. 공공주택사업자, 공익성 있는 법인에 대한 종부세 부담의 경감 방안(종부세 세율 인하, 합산배제 확대 등)

공공주택사업자 및 공익성 있는 법인이 3주택 이상 보유하는 경우에 대해서도 중과 누진세율(0.5~5.0%)이 아닌 기본 누진세율(0.5~2.7%)을 적용해 세 부담을 대폭 완화하도록 했다.

〈적용 대상〉

① 공공주택사업자(LH·SH·HUG 등), ② 공익법인, ③ 주택조합, ④ 재개발·재건축 사업시행자, ⑤ 민간건설임대주택사업자, ⑥ 사회적기업·사회적협동조합(취약계층 주거지원 목적), ⑦ 종중, ⑧ 임대주택 공급 의무가 있는 도시개발사업 시행자

해당 내용은 종부세법이 개정되어야 하는 사항이라 국회에서의 통과 여부가 관건일 것이다.

05. 15년 이상 주택을 임대하는 매입임대주택 사업자에 대해 종부세 합산배제 가액요건의 완화

해당 내용은 지난 2022년 12월 31일, 2023년 경제 정책 방향 발표에서 나왔던 내용으로, 다음과 같이 15년 이상 주택을 임대하는 매입임대주택 사업자에 대해 수도권은 공시가격 9억 원 이하, 비수도권은 공시가격 6억 원 이하로 종부세 합산배제에 따른 가액요건을 완화하는 방안을 발표했다.

- 수도권 : (종전) 공시가격 6억 원 이하 → (개정) 공시가격 9억 원 이하
- 비수도권 : (종전) 공시가격 3억 원 이하 → (개정) 공시가격 6억 원 이하

해당 내용은 종부세 시행령 개정사항으로 국회 동의 필요 없이 정부에서 해당 내용대로 진행할 수 있으나, '민간임대주택에 관한 특별법' 개정 이후 추진할 예정이다.

06. 양도세 일시적 1주택 + 1입주권·분양권 등 처분기한 연장

현재 일시적 1주택 + 1입주권·분양권과 대체주택에 대해 양도세 비과세 특례를 적용하고 있다. 1주택 외에 일시적으로 1입주권·분양권을 취득한 경우, 종전주택을 입주권·분양권을 취득한 날부터 3년 이내에 팔면 비과세되거나, 입주권·분양권이 주택으로 완공되어 입주하는 경우, 입주권·분양권 취득일로부터 3년이 지나더라도 주택 완공 후 2년 이내에 종전주택을 팔면 비과세된다. 이는 입주권·분양권이 주택으로 완공된 후에는 입주하는 실수요자에게 추가적인 처분기한이 필요해 처분기한을 신규주택 완공일부터 2년 이내로 운용하고 있다. 또한, 1세대 1주택자가 재건축·재개발 기간에 거주할 대체주택(재건축·재개발 기간 중 1년 이상 거주를 위해 취득한 주택)을 취득한 경우, 해당 대체주택을 신규주택 완공일부터 2년 이내 처분 시 양도세 비과세 적용되고 있다.

정부에서는 이렇듯 입주권·분양권에 대해 신규주택 완공 후 2년 이내에 종전주택을 팔거나 대체주택을 신규주택 완공일로부터 2년 이내에 처분하던 것을 신규주택 완공일로부터 2년 이내에서 3년 이내로 연장할 생각이다. 이는 최근 주택거래 부진에 따라 실수요자가 종전주택 처분이 어려워지고 있는 점을 감안한 조치로, 일시적 2주택자에 대한 처분기한 연장과 적용 시기를 맞추어 2023년 1월 12일 이후 양도하는 분부터 소급해 적용받을 수 있도록 시행령이 2월 중 개정되었다.

제3장

Case Study

제3장은 다양한 사례들을 정리하는 Case Study로 구성했다. 부동산 세금 업무를 하다 보면 거래처에서 문의하는 내용 중 중복되는 내용이 있는데, 이에 대해 궁금해할 분들이 계실 것 같아 정리했다.

01. 조정대상지역의 지정과 해제에 따른 부동산 세금 차이와 유의사항

  조정대상지역은 정부 정책에 따라 수시로 지정되며 해제되고 있는 상황이다. 2023년 1월 5일을 해제일로 해서 현재 조정대상지역은 서울 서초구, 강남구, 송파구, 용산구의 4개 구밖에 없다.

※ 조정대상지역 지정 현황

시·도	현행	조정(2023.1.5)
서울	서울특별시 전역(25개)	서초구, 강남구, 송파구, 용산구
경기	과천시, 성남시*, 하남시, 광명시	-

*중원구 제외

  문제는 조정대상지역의 지정 여부에 따라 부동산 세금도 같이 변동되고 있어 납세자들이 혼란을 느낀다는 것이다. 따라서, 조정대상지역 지정과 해제에 따른 부동산 세금과 유의사항에 대해 알아볼 필요가 있어 해당 내용을 정리해보도록 하자.

1) 조정대상지역 지정과 해제에 따른 부동산 세금 차이

(1) 취득세

① 유상취득

취득세법에서는 개인이 1세대 2주택 이상을 유상으로 취득할 때 취득하는 주택이 조정대상지역인지, 아닌지의 여부에 따라 취득세율에 차등을 두고 있다.

〈적용세율〉

구분	1주택	2주택	3주택	4주택*
조정대상지역	1~3%	8% ※ 일시적 2주택 제외	12%	12%
비조정대상지역	1~3%	1~3%	8%	12%

*법인의 경우에는 주택수와 관계없이 주택 취득세율은 12% 적용   (출처 : 행정안전부)

예를 들어, 내가 1세대 2주택자였는데 이번에 A지역(조정대상지역)에 있는 주택을 1채 구입한다면 12%의 취득세율을 적용받는다. 반면, A지역이 조정대상지역에서 해제된다는 정부 발표 이후 주택 1채를 구입한다면, 8%의 취득세율을 적용받게 된다.

② 무상취득

조정대상지역에 있는 주택을 무상으로 취득하는 경우, 취득 당시 지방세법 제4조에 따른 시가표준액(공시가격)이 3억 원 이상이라면 해당 주택에 대한 취득세율은 12%를 적용받는다.

구분		취득세율
조정대상지역	공시가격 3억 원 이상*	12%
	공시가격 3억 원 미만	3.5%
비조정대상지역		3.5%

*1세대 1주택자가 소유한 주택을 배우자 또는 직계존비속이 무상취득하는 등 일정한 사유의 경우 예외적으로 3.5% 적용

따라서, 1세대 2주택을 보유하고 있는 아버지가 조정대상지역에 있는 공시가격 8억 원의 주택을 자녀에게 증여한다면 자녀는 무상취득에 따른 12%의 취득세율을 부담해야 하나, 조정대상지역에서 해제된다는 정부 발표 이후 증여한다면 비조정대상지역으로서 3.5%의 취득세율을 부담하게 된다.

(2) 종합부동산세

주택에 대한 종합부동산세는 납세의무자가 소유한 주택수에 따라 과세표준에 해당 세율을 적용해 계산한 금액을 주택분 종합부동산세액으로 하고 있다.

과세표준	2주택 이하 또는 조정대상지역 2주택	3주택 이상
	세율(%)	세율(%)
3억 원 이하	0.5	
3억 원 초과 ~ 6억 원 이하	0.7	
6억 원 초과 ~ 12억 원 이하	1.0	
12억 원 초과 ~ 25억 원 이하	1.3	2.0
25억 원 초과 ~ 50억 원 이하	1.5	3.0
50억 원 초과 ~ 94억 원 이하	2.0	4.0
94억 원 초과	2.7	5.0
법인	2.7	5.0

위의 표에서와 같이 조정대상지역에 있는 주택을 여러 채 보유하고 있느냐, 아니냐에 따라 종합부동산세 세율이 달라진다. 예를 들어 개인이 조정대상지역에 2주택을 보유하고 있는 경우, 0.5~2.7%의 종합부동산세 세율을 적용받지만, 조정대상지역에 1채, 비조정대상지역에 2채의 주택을 보유하고 있는 경우라면, 0.5~5%의 종합부동산세 세율을 적용받는다.

(3) 양도세
① 거주요건
취득 당시에 조정대상지역에 있는 주택을 취득하는 경우라면, 보유 기간 2년에 더해 거주 기간 2년을 만족해야 1세대 1주택 비과세를 적용받을 수 있다.

다만, 다음의 어느 하나에 해당하는 경우에는 거주요건이 필요 없다.

ⓐ 2017년 8월 2일 이전에 취득한 주택

ⓑ 2017년 8월 2일 이전에 매매계약을 체결하고, 계약금을 지급한 사실이 증빙서류에 의하여 확인되는 주택(해당 주택의 거주자가 속한 1세대가 계약금 지급일 현재, 주택을 보유하지 아니하는 경우로 한정)

ⓒ 조정대상지역의 공고가 있은 날 이전에 매매계약을 체결하고 계약금을 지급한 사실이 증빙서류에 의해 확인되는 경우로서 해당 거주자가 속한 1세대가 계약금 지급일 현재, 주택을 보유하지 아니하는 경우

② 양도세 중과제도

다주택자의 경우에는 조정대상지역 내 주택을 양도할 때 기본세율(6~45%)에다 20%(2주택) 또는 30%(3주택 이상)를 더한 세율인 중과세율을 적용받는다. 중과세율을 적용받는다면 장기보유특별공제를 적용받지 못한다. 다만, 보유 기간 2년 이상인 조정대상지역 내 주택을 2022년 5월 10일부터 2024년 5월 9일까지 양도하는 경우에는 한시적으로 중과세율이 아닌 기본세율을 적용받고, 장기보유특별공제도 적용받을 수 있다. 만약, 2024년 5월 10일 이후 양도하는 분부터 다시 양도세 중과제도가 적용된다면, 다주택자의 경우 조정대상지역 내 주택을 양도할 때 중과세율 적용과 장기보유특별공제 미적용에 주의해야 할 것이다.

2) 조정대상지역의 지정과 해제에 따른 부동산 세금 유의사항

(1) 조정대상지역의 판단

조정대상지역의 지정과 해제에 따라 유의할 점은 취득세와 양도세는 거래세이기 때문에 거래 당시, 즉 취득 당시와 양도 당시에 조정대상지역인지의 여부에 따라 취득세율과 양도세 중과세율이 적용된다. 종합부동산세는 보유세로 과세기준일인 매년 6월 1일 기준으로 조정대상지역인지의 여부에 따라 종합부동산세 세율이 적용된다. 예를 들어, 다주택자인 B씨가 2021년 3월 1일에 취득한 A주택이 취득 당시에는 조정대상지역으로 지정되어 있었지만, 2022년 5월 1일에 조정대상지역에서 해제되었다. 이후 2023년 8월 1일에 A주택을 팔았다고 가정해보자. A주택의 취득 당시에는 A지역이 조정대상지역이었으므로 조정대상지역의 취득에 따른 취득세율을 적용한다. 종합부동산세 세율의 적용은 2022년 6월 1일 기준으로 A지역이 비조정대상지역이므로 비조정대상지역으로 과세가 된다. 양도세 중과세율을 적용함에 있어서는 양도 당시에 비조정대상지역이므로 양도세 중과세율을 적용받지 않고 기본세율을 적용받게 된다.

(2) 1세대 1주택 비과세의 거주요건

1세대 1주택 비과세를 적용받기 위한 거주요건 2년은 취득 당시에 조정대상지역에 있는 주택을 취득하는 경우로, 만약 취득 당시에는 조정대상지역이었는데 파는 시점에서 보니 조정대상지역이 아니라면 거주요건은 필요 없을까? 그렇지 않다. 취득 당시에 조정대상지역에 있는 주택을 취득했기 때문에 파는 시점에 조정대상지역이 아니더라도 거주요건 2년을 만족해야 1세대 1주택자의 비과세를 적용받을 수가 있다. 실무적으로 조정대상지역에서 해제된 주택을 팔 때 거주요건을 간과하는 경우가 종종 보이는데 주의가 필요하다. 또한, 주택 분양권 거주요건과 관련해 많이 질문하시는 내용 가운데 2가지를 공유해드리려고 한다.

Q1. 무주택인 상태에서 주택 분양권 1개를 취득하려고 하는데, 계약 시점(계약금 지급) 및 분양권 취득 시점에는 조정대상지역이 아니었으나 이후 분양권으로 인한 주택 취득 시에는 조정대상지역으로 지정된 경우, 1세대 1주택 비과세를 적용받기 위해 거주요건이 필요할까?

A. 거주요건은 필요하지 않다. 조정대상지역으로 지정되기 전에 매매계약을 체결하고 계약금을 지급해 분양권을 취득한 경우로 계약금 지급일 현재, 주택을 보유하고 있지 않아 거주요건은 필요 없다.

Q2. 주택 분양권 1개를 보유하면서 추가로 주택 분양권 1개를 취득하려고 한다. 추가로 취득하려는 분양권은 분양권 계약 시점(계약금 지급) 및 취득 시점에 조정대상지역이 아니었으나 이후 분양권으로 인한 주택 취득 시에는 조정대상지역으로 지정된 경우, 1세대 1주택 비과세를 적용받기 위해 거주요건이 필요할까?

A. 거주요건은 필요하지 않다. 기존에 주택 분양권을 보유하고 있으나 분양권은 주택을 취득할 수 있는 권리이지, 주택이 아니기 때문에 분양권 계약금 지급일 현재, 주택을 보유하고 있지 않아 거주요건은 필요 없다.

02. 주택 부수토지만 보유하고 있는 경우의 취득세, 종부세, 양도세

주택 부수토지만 보유하고 있는 경우라고 하면, 주택에 대한 토지소유주와 건물소유주가 다른 경우를 말한다.

주택의 건물소유자 : 타인

주택의 토지소유자 : 나

주택의 토지소유자인 내 입장에서 나는 주택 부수토지만 보유하고 있다고 보면 되는데, 이 경우 취득세·종부세·양도세 측면에서는 다음과 같이 판단한다.

(1) 취득세

주택 부수토지만 보유하고 있는 경우에 토지만 있으니 다른 주택을 취득할 때 영향이 없다고 생각할 수 있지만, 주택 부수토지도 취득세를 계산할 때 주택수에 포함시키기 때문에 다른 주택 취득 시 취득세가 중과될 수 있다. 예를 들어, 내가 주택 부수토지만 1필지 보유하고 있는 상태에서 조정대상지역에 주택 1채를 구매한다고 할 때, 1주택에 대한 취득세를 내야 한다고 생각할 수 있지만, 주택 부수토지도 주택수에 포함시키기 때문에 조정대상지역에 있는 주택 1채를 구매할 때 8%의 취득세를 부담할 수 있다.

(2) 종부세

원칙적으로 주택 부수토지만 있는 경우에도 종부세를 계산할 때 주택수에 포함시키기 때문에 기준시가를 합산해서 계산한다. 따라서, 내가 주택 2채와 주택 부수토지를 보유하고 있다면 3주택자로 보아 기준시가를 합쳐서 9억 원까지는 공제하고 종부세를 계산해야 한다. 다만, 1주택과 다른 주택의 부수토지를 함께 소유하고 있는 경우에는 1세대 1주택자로 보아 12억 원까지는 종부세가 나오지 않도록 하고 있다.

(3) 양도세

양도세 측면에서는 많은 분들이 궁금한 사항 3가지를 정리해서 설명하고자 한다.

Q1. 주택 부수토지만 양도한다면 비과세를 적용받을 수 있을까?

A. 주택과 관련된 부수토지이기 때문에 해당 토지에 대해 12억 원까지는 비과세라고 생각할 수 있지만, 주택토지가 아닌 일반 토지 양도로 보아 토지에 대한 양도세를 내도록 한다. 이때, 주택 부수토지로서 토지의 면적이 주택의 정착된 면적의 일정 비율* 이내에 해당하는 면적은 사업용 토지로, 초과되는 면적은 비사업용 토지로 판단한다.

사업용 토지라면 6~45%의 양도세율을 적용받지만, 비사업용 토지라면 16~55%의 양도세율을 적용받는다.

*일정 비율

구분		비율
수도권 내의 토지	주거지역 · 상업지역 및 공업지역 내	3배
	녹지지역 내의 토지	5배
수도권 밖의 토지		5배
그 밖의 토지		10배

Q2. 주택 부수토지를 보유하고 있다가 다른 주택을 팔면 비과세를 적용받지 못할까?

A. 앞서 취득세와 종부세 이야기할 때 주택 부수토지는 주택수에 포함시킨다고 했는데, 그렇다면 양도세는 어떨까? 양도세의 경우, 주택 부수토지는 토지로 보기 때문에 내가 주택 부수토지와 다른 주택 1채를 보유하고 있다면, 다른 주택을 팔 때 비과세를 적용받을 수 있다.

Q3. 주택 부수토지를 보유하고 있을 때 다른 주택을 팔면 양도세가 중과될까?

A. 양도세 중과 시 주택 부수토지는 주택으로 보지 않기 때문에 다른 주택을 팔더라도 양도세가 중과되지 않는다. 만약, 주택 부수건물을 보유하고 있다면 이것은 주택으로 보기 때문에 다른 주택을 팔더라도 양도세가 중과될 수 있으니 유의해야 한다. 예를 들어, 내가 주택 부수토지 1필지와 주택 1채를 보유하다가 주택을 팔면, 주택 부수토지는 주택으로 보지 않기 때문에 양도세가 중과되지 않는다. 다만, 내가 주택 부수토지가 아니라 주택 부수건물을 보유하고 있다면, 2주택으로 보아 주택 1채를 팔면 기본세율+20%의 양도세가 중과될 수 있다.

※ 주택 부수토지만 보유하고 있는 경우의 주택수 포함 여부를 세목별로 정리하면 다음과 같다.

구분	주택 부수토지
취득세	주택수 포함
종합부동산세	주택수 포함, 단 1주택과 다른 주택의 부수토지를 함께 소유하고 있는 경우 주택수 미포함
양도세	주택수 포함

03. 상속받은 주택의 세금(취득세, 종부세, 양도세)

(1) 취득세

상속을 원인으로 취득한 주택, 조합원 입주권, 주택 분양권 또는 오피스텔로서 상속개시일(사망일)부터 5년이 지나지 않은 경우에는 1세대의 주택수를 계산할 때 제외하도록 하며, 해당 주택을 취득하더라도 취득세가 중과되지 않는다.

해당 내용은 2020년 8월 12일부터 시행하되, 2020년 8월 11일 이전에 상속을 원인으로 취득한 주택, 조합원 입주권, 주택 분양권 또는 오피스텔에 대해서는 2020년 8월 12일 이후 5년 동안 주택수 산정 시 소유주택수에서 제외하도록 한다.

Case를 나누면 다음과 같다.

Case 1 상속주택을 보유하고 있는 경우에 다른 주택 취득하는 경우 취득세

예를 들어, 내가 2주택을 보유하고 있는데 이 중 주택 1채는 상속받은 주택이라고 할 경우, 조정대상지역에 있는 주택 1채를 더 산다면 나는 3주택에 대한 취득세 12%를 내야 하는 게 아니라, 상속받은 주택을 뺀 2주택에 대한 취득세 8%를 내야 한다.

Case 2 다른 주택을 보유하고 있는 경우에 상속받은 주택에 대한 취득세

예를 들어, 내가 2주택을 보유하고 있는 경우, 조정대상지역에 있는 주택 1채를 상속받아 취득세를 내야 한다. 그러면 나는 3주택에 대한 취득세 12%를 부담한다고 생각할 수 있으나, 상속받은 주택은 취득세가 중과되지 않기 때문에 원시취득세율인 2.8%에 대한 취득세를 부담한다.

(2) 종합부동산세

2022년부터 1주택자가 상속주택을 함께 소유하는 경우, 납세자의 신청에 따라 1세대 1주택자 계산 방식을 적용받을 수 있다.

이 경우, 상속주택이란, 상속을 원인으로 취득한 주택으로서 과세기준일(매년 6월 1일) 현재, 다음의 어느 하나에 해당하는 주택을 말한다.

① 상속개시일(사망일)로부터 5년이 지나지 않은 주택
② 상속 지분이 전체 주택 지분의 40% 이하인 주택. 이때, 상속 지분이 전체 주택 지분의 40% 의미는 피상속인의 해당 주택 지분에서 상속받은 지분이 차지하는 비율을 의미한다. 예를 들어, 피상속인이 50%의 지분율을 가지고 있는 주택을 상속인 4명이 25%씩 상속을 받은 경우, 상속주택 지분은 상속받은 지분인 25%가 아니라 피상속인의 지분율 50%에서 내 지분율인 25%를 곱한 50% × 25% =

12.5%를 말한다.

③ 상속받은 주택 지분에 해당하는 공시가격이 수도권 6억 원, 수도권 밖 3억 원 이하인 주택. 공시가격은 매년 과세기준일 현재를 기준으로 판단한다. 앞의 ①~③의 어느 하나만 만족하면 특례를 적용받을 수 있기 때문에 상속개시일로부터 5년이 지나더라도 공시가격이 과세기준일 현재 요건을 만족하면 특례 적용이 가능하다.

또한, 상속받은 주택이 여러 채인 경우에도 1세대 1주택자 특례를 적용받을 수 있다. 즉, 상속주택 3채, 일반주택 1채를 보유하더라도 1세대 1주택자 특례 적용이 가능한 것이다.

앞의 1세대 1주택 계산 방식뿐만 아니라 종부세 세율 적용 시 상속주택은 주택수에서도 제외시킨다.

다만, 상속주택이 종부세 세율 적용 시 주택수에는 제외되지만, 종합부동산세 과세표준계산 시에는 주택수에 포함되니 주의해야 한다.

예를 들어, 내가 주택 2채를 보유하고 있고, 해당 주택의 공시가격을 합쳐서 15억 원인데, 이번에 공시가격 4억 원인 주택을 상속받아 총 3주택이 되었다고 가정해보자. 그럼 나는 상속받은 주택을 주택수에서 차감해야 하니 총 주택 2채인 15억 원에서 9억 원을 차감한 종부세를 계산해야 하는 게 아니라, 상속받은 주택의 공시가격까지 합친 총 3채에 대한 공시가격 19억 원에 9억 원을 차감한 금액으로 과세표준을 계산하지만, 종부세 세율을 계산할 때에는 상속주택은 주택수에서 빼기 때문에 2주택에 대한 종부세 세율을 적용하는 것이다.

(3) 양도세

상속받은 주택과 그 밖의 주택을 국내에 각각 1개씩 소유하고 있는 1세대가 일반주택을 양도하는 경우에는 국내에 1개의 주택을 소유하고 있는 것으로 보아 비과세를 적용한다. 다만, 상속인과 피상속인이 상속개시 당시 1세대인 경우에는 1주택을 보유하고 1세대를 구성하는 자가 직계존속을 동거봉양하기 위해 세대를 합침에 따라 2주택을 보유하게 되는 경우로서, 합치기 이전부터 보유하고 있었던 주택만 상속받은 주택으로 판단한다.

Case를 나누어 살펴보도록 하자.

Case 1 **아들**(주택 1채) + **아버지**(주택 1채)
동거봉양(1세대 2주택)
아버지 사망 : 아버지 주택 => 상속받은 주택

Case1은 아들이 주택 1채를 보유하고 있으며, 아버지가 1채를 보유하고 있는 상태에서 동거봉양으로 1세대 2주택이 된 이후에 아버지가 사망한 상황이다. 이 경우, 아버지 주택은 상속주택으로 인정이 가능하다. 1세대를 구성하는 아들과 아버지가 세대를 합치기 전부터 각자 주택을 보유하고 있는 상태에서 세대를 합침에 따라 2주택을 보유하고 있기 때문이다.

Case 2 아들(주택 1채) + 아버지(무주택)

동거봉양(1세대 1주택)

아버지 주택 취득 1채

아버지 사망 : 아버지 주택 => 상속받은 주택 아님

Case2는 아들이 주택 1채를 보유하고 있으며, 아버지가 주택이 없는 상태에서 동거봉양으로 1세대 1주택이 된 이후에 아버지가 주택을 1채 취득하고 아버지가 사망한 상황이다. 이 경우, 아버지 주택은 상속주택이 아니다. 1세대를 구성하는 아들과 아버지가 세대를 합치기 전부터 각자 주택을 보유하고 있는 상태에서 세대를 합친 게 아니라 세대를 합친 이후에 아버지가 1주택을 취득했기 때문이다.

상속주택을 판단할 때 피상속인의 주택이 여러 채라면, 다음의 순서에 따라 1채의 주택만 상속받은 주택으로 본다.

(1순위) 피상속인이 소유한 기간이 가장 긴 1주택

(2순위) 피상속인이 거주한 기간이 가장 긴 1주택

(3순위) 피상속인이 상속개시 당시 거주한 1주택

(4순위) 기준시가가 가장 높은 1주택(기준시가가 같은 경우에는 상속인이 선택하는 1주택)

예를 들어보자. 2주택자인 A의 아버지가 돌아가시면서 주택 A는 A에게, 주택 B는 A의 동생인 B에게 상속해주었다. A와 B가 상속 전에 각각 주택을 1채씩 가지고 있었다면, 상속주택 이외에 기존주택을 팔았을 경우 어느 주택을 비과세할까?

　상속주택이 2채인 경우에는 앞의 순서에 따른 1주택에 대해 비과세 혜택을 적용한다. 만약 A의 아버지가 가장 오랫동안 소유한 주택이 A라면 A에게만 기존주택에 대한 양도세 비과세 혜택이 주어지며, B주택을 상속받은 B는 기존주택 양도 시 비과세 혜택을 적용받지 못한다. 상속주택이 여러 채 있더라도 순위에 따라서 주택 1채에 대해서만 비과세를 적용받을 수 있는 것이다.

04. 공공매입임대주택의 세금혜택

공공매입임대주택이란, '민간건설주택 매입약정 방식'을 통해 LH 또는 SH 등의 지방주택공사가 민간사업자의 건축 예정 또는 건축 중인 주택에 대해 건축 완료 전 매입약정을 체결한 뒤 준공 후 매입해 매입임대주택으로 활용하는 사업을 말한다. 준공된 주택을 매입하는 기존 방식과 달리, 건축 완료 이전에 매입약정을 체결하고 건축 주요 공정에 대해 LH가 점검을 실시한다. 이를 통해 전반적인 주택 품질 향상을 기대할 수 있으며, 민간사업자는 미분양 위험을 해소하고 LH 에서 지급하는 약정금액으로 자금조달 부담을 줄일 수 있다는 장점이 있다.

매입약정 프로세스

공고 LH	신청접수 LH	심의 LH	1차감정	약정 LH·사업자	주택건설 사업자	2차감정	계약 LH·사업자
물량 및 매입 기준 등	건축 예정, 건축 중 주택	심사(입지, 주택품질) 및 대상 선정		건축 예정, 건축 중 주택	설계, 허가, 시공, 준공 등(민간사업자) 현장품질점검(LH)		현장점검 (품질검사), 계약, 소유권 이전 등

(출처 : 한국토지주택공사)

이러한 매입임대주택으로 건설되어 양도하는 주택의 구조를 다음과 같이 생각하면 될 것 같다.

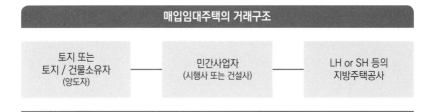

매입임대주택의 거래구조		
토지 또는 토지 / 건물소유자 (양도자)	민간사업자 (시행사 또는 건설사)	LH or SH 등의 지방주택공사

당초 토지 또는 토지·건물소유자(양도자)는 민간사업자(시행사 또는 건설사)에게 본인 소유의 토지 또는 토지·건물을 양도해 소유권을 이전한다. 이후 민간사업자는 건물을 철거하고 토지 위에 건물을 다시 짓고 난 다음, 한국토지주택공사(LH)나 서울주택도시공사(SH) 등의 지방주택공사에 토지와 건물의 소유권을 이전한다.

이때 양도자(개인 또는 법인)는 민간사업자(시행사 또는 건설사)에 본인이 소유하는 토지 및 건물을 양도하는 경우 양도세가 발생하며, 민간사업자(시행사 또는 건설사)는 양도자로부터 토지 및 건물을 취득하는 경우 취득세가 발생하고, 이후 건물을 철거하고 토지 위에 건물을 새롭게 건설해 취득함에 따른 원시취득세(2.8%)가 발생한다.

이 경우, 양도자와 민간사업자는 다음의 세금혜택을 얻을 수 있다.

1) 양도자

(1) 개인

개인이 공공매입임대주택*을 건설할 자인 민간사업자(시행사 또는 건설사)**에게 2021년 3월 16일부터 2024년 12월 31일까지 주택 건설을 위한 토지를 양도함으로써 발생하는 소득에 대해서는 양도세를 10%

감면해준다. 다만, 해당 감면분에 대해 농특세 20%를 납부해야 한다. 따라서, 양도세 혜택은 8% 감면이라고 생각하면 된다.

> * 공공매입임대주택 : 공공주택사업자(LH, SH 및 지방공사)가 직접 건설하지 않고 매매 등으로 취득해서 공급하는 공공임대주택
> ** 민간사업자(시행사 또는 건설사) : 공공주택사업자(LH/SH 등의 지방주택공사)와 공공매입임대주택을 건설해 양도하기로 약정을 체결한 자

※ 사후관리 규정

민간사업자(시행사 또는 건설사)가 토지를 양도받은 날부터 3년 이내에 해당 토지에 공공매입임대주택으로 사용할 주택을 건설해 공공주택사업자에게 양도하지 않은 경우, 감면된 세액 및 이자 상당액을 추징당한다.

(2) 법인

법인의 주택 양도 시에는 추가과세 기본세율 + 20%를 적용해야 하나 법인이 공공매입임대주택을 건설할 자인 민간사업자에게 2021년 2월 17일부터 2024년 12월 31일까지 주택 건설을 위한 토지를 양도해 발생하는 소득에 대해 추가과세 20%를 적용하지 않는다.

2) 민간사업자

(1) 건축 목적의 취득

공공주택사업자(LH, SH, 부산도시공사 등 지방주택공사)의 임대를 목적으로 주택을 건축해 공공주택사업자에게 매도하기로 약정을 체결한 자가

해당 주택을 건축하기 위해 취득하는 부동산에 대해 취득세의 10%를 2024년 12월 31일까지 감면한다. 다만, 해당 감면분에 대해 농특세 20%를 납부해야 한다.

(2) 건축 이후의 취득

공공주택사업자의 임대가 목적인 주택을 건축해 공공주택사업자에게 매도하기로 약정을 체결한 자가 해당 주택 등을 건축해 최초로 취득하는 경우에는 취득세의 10%를 2024년 12월 31일까지 감면한다. 다만, 해당 감면분에 대해 농특세 20%를 납부해야 한다.

※ 사후관리 규정

다음의 어느 하나에 해당하는 경우에는 감면받은 취득세를 추징한다.

(1)에 따라 부동산을 취득한 날부터 1년 이내에 공공주택사업자의 임대가 목적인 주택 등을 착공하지 않은 경우

(2)에 따라 최초로 취득한 주택 등을 6개월 이내에 공공주택사업자에게 매도하지 않은 경우

해당 규정은 2022년 1월 1일 이후 공공주택사업자(LH, SH, 부산도시공사 등 지방공사)에게 주택 등을 매도하기로 약정을 체결한 경우부터 적용한다.

05. 건물만 증여하는 경우의 유의사항

많은 분들이 '증여할 때는 토지와 건물의 소유권을 모두 넘겨야 하지 않나?'라고 생각할 수 있지만, 토지와 건물의 소유권을 다르게 가져가는 경우도 가능하다. 예를 들면, 부모가 보유하고 있는 토지와 건물에 대해 건물만 자녀에게 증여하는 경우인데, 보통은 토지가격이 비싸기 때문에 토지와 건물에 대한 증여세 모두를 부담할 수 없는 자녀가 건물만 증여받는 경우로 진행한다. 만약, 자녀가 부모의 건물만 증여받는 경우, 자녀 입장에서는 다음의 사항에 유의해야 한다.

(1) 주택수 추가

주택이 있는 건물에 건물만 증여받는다면 자녀 입장에서는 주택이 1채 더 가산되는 효과가 생긴다. 예를 들어 아들이 집을 1채 보유하고 있었는데, 아버지로부터 단독주택의 건물만 증여받는다면 주택 1채를 더 취득한 것으로 아들은 주택이 2채가 된다. 따라서, 아들은 1세대 1주택 비과세를 적용받지 못하고 양도세가 중과될 가능성이 있다. 또한, 종합부동산세 측면에서도 아들은 1세대 1주택에 대해 공시가격이 12억 원을 넘지 않는다면 종부세 대상이 아니었으나 2주택자이기 때문에 9억 원만 공제받을 수 있고, 장기보유공제와 고령자공제를 적용받을 수가 없게 된다.

(2) 주택취득세

부동산의 일부만 증여하더라도 공시가격 3억 원 이상을 판단할 때는 전체 부동산 가액의 공시지가가 3억 원인지 여부를 따지게 된다. 따라서, 주택의 건물만 증여하더라도 건물의 공시가격이 3억 원 이상인지 여부가 아니라 토지와 건물을 합친 전체 공시지가가 3억 원인지 여부로 취득세율을 판단하기 때문에 주택의 토지와 건물을 합친 전체 공시지가가 3억 원 이상이라면, 12%의 취득세율을 적용받을 수 있다.

(3) 토지 사용에 대한 대가 지급

토지와 건물의 명의가 다를 경우, 건물소유자는 토지소유자에 대해 토지 사용에 대한 대가를 지급해야 한다. 즉, 건물소유자가 토지소유자에 대해 토지사용료 형식으로 금액을 지급해야 한다. 예를 들어, 토지와 건물소유자인 아버지로부터 아들이 건물을 증여받고 토지에 대한 사용료를 지급하지 않으면 토지를 무상으로 사용함에 따른 이익을 세법에서 계산하도록 하고 있고, 그 이익이 1억 원 이상이라면 아들에게 증여세가 과세된다. 아버지의 경우, 토지를 무상으로 임대해줬기 때문에 그 시세만큼 임대료수익이 누락된 것으로 보아 소득세가 과세된다.

추가로, 주택 부수토지를 임대하는 경우라면 임대인에게 부가세가 붙지 않지만, 상가부수토지를 무상으로 임대하는 경우라면 부가세 10%를 부담해야 하니 주의해야 한다.

06. 대도시에 본사를 이전해 사옥 취득 후 임대 또는 대도시에 지점 설치 후 임대 시 취득세 중과배제

법인의 본점은 지방인데 이번에 본점을 대도시(서울 전역, 경기도 일부, 인천 일부)로 이전하면서 부동산을 취득하는 경우나 법인의 본점이 대도시나 대도시 외에 있는 상태에서 대도시에 지점 설치를 위해 부동산을 취득하는 경우가 있다. 이때, 취득세가 중과되는데 중과되는 범위는 법인의 본점 또는 지점 용도로 직접 사용하기 위한 부동산의 취득만이 대상이며, 직접 사용하지 않은 임대면적은 중과세 대상에서 제외된다. 즉, 본사 사옥을 대도시 밖에서 대도시로 이전하면서 취득하거나 대도시에 지점을 설치해서 취득하는 경우, 임대하거나 임대 예정으로 둔 면적은 취득세 중과에서 제외된다. 이에, 무조건 대도시에 본사를 이전하거나 지점을 설치하면서 부동산을 취득한다고 취득세가 중과된다고 생각해서는 안 되며, 임대면적이나 임대 예정인 면적을 잘 판단해 취득세 중과를 피하도록 하자.

다음의 표는 매입유형에 따라 취득세가 중과되는 경우와 중과되지 않는 경우를 구분해서 기재했으니 참고하도록 하자.

구분	취득세 중과세율	취득세 중과배제세율
매입취득	9.4%	4.6%
원시취득	5.08%	3.16%

*법인으로 주택을 사는 경우에는 취득세 중과를 적용받는지와 관계없이 12%의 세율을 적용한다.

07. 부동산 저가 양수의 세금에 대한 주의사항

부모가 자녀에게 본인의 부동산을 저렴하게 넘기거나 반대로 자녀가 부모에게 본인 소유의 부동산을 비싸게 팔아서 자금을 마련하는 경우가 있을 것이다. 일반적으로는 부모의 부동산을 자녀가 저렴하게 사는 경우가 많을 것이므로, 특수관계인에게 재산을 저렴하게 사는 저가양수의 경우에 세금 부분에서 주의할 사항은 어떤 게 있는지 알아보도록 하자.

특수관계인 간에 재산을 시가보다 싼 금액으로 사는 경우, 그 대가와 시가의 차액이 기준금액(MIN(시가 × 30%, 3억 원)) 이상인 경우에는 해당 재산의 양수일을 증여일로 해서 그 대가와 시가의 차액에서 기준금액을 뺀 금액을 그 이익을 얻은 자의 증여재산가액으로 한다.

구분	증여재산가액
저가양수	(시가-거래가격) - MIN(시가 × 30%, 3억 원)

예를 들어, 아버지가 아들에게 시가 9억 원인 아파트를 4억 원을 받고 양도했다고 가정하자. 아들 입장에서는 시가 9억 원인 아파트를 4억 원에 싸게 산 거니 그 싸게 산 부분에 대해 이익을 얻은 것으로 보아 증여세를 다음과 같이 계산한다.

> (시가 9억 원 – 거래가격 4억 원) – MIN(시가 9억 원 × 30%, 3억 원)
> = 9억 원-4억 원-2.7억 원=2.3억 원

따라서, 아들에 대한 증여재산가액은 2.3억 원으로 아들은 증여세 부담이 생긴다.

많은 분이 위의 산식에 따라 시가의 30% 범위 내에서 저가로 양도하면 증여세를 피할 수 있지 않을까 생각한다. 맞는 말이다. 다만 재산의 저가 양도는 증여세뿐만 아니라 양도세도 함께 고려해야 한다.

앞의 사례에서 아버지가 아들에게 시가 9억 원인 아파트를 7억 원에 양도했다고 가정하면, 다음의 계산 산식에 따라 증여세는 과세되지 않는다.

> (시가 9억 원 – 거래가격 7억 원) – MIN(시가 9억 원 × 30%, 3억 원)
> = 9억 원 – 7억 원 – 2.7억 원 = 증여세 과세 X

다만, 양도세 입장에서는 특수관계인에게 자산을 저가로 양도할 때 시가의 5%와 3억 원 둘 중 적은 금액으로 계산해 만약 그 범위를 초과해서 양도한다면 시가로 양도세를 계산한다.

예를 들어, 아들은 양도가액을 7억 원으로 계산해서 양도세를 계산했을 텐데, 다음과 같이 시가와 거래가액의 합계가 시가의 5%와 3억 원 둘 중 적은 금액 이상이기 때문에 양도가액은 7억 원이 아닌 9억 원으로 계산해서 양도세를 납부해야 한다.

(시가 9억 원 − 거래가액 7억 원) ≥ MIN(9억 원 × 5%, 3억)
= 9억 원 − 7억 원 = 2억 원 ≥ 0.45억 원

따라서, 부모와 자식 간에 부동산을 시세보다 저렴하게 팔려고 하는 경우, 시세의 5%로 범위 내에서 저렴하게 양도하는 것이 증여세와 양도세를 둘 다 피해갈 수 있으니 유의해야 한다.

08. 세법에서 말하는 '주택'이란 무엇일까?

　세법에서는 '주택'을 허가 여부나 서류상의 용도 구분과 관계없이 사실상 주거용으로 사용하는 건물을 말한다. 만약, 그 용도가 분명하지 않으면 서류상의 용도에 따른다. 따라서, 건축물대장 등의 서류상 사무실로 되어 있더라도 실제로는 주거용으로 사용하고 있다면, 이를 주택으로 판단하고, 반대로 서류상 주택으로 되어 있더라도 영업용(ex : 점포, 사무소)으로 사용하면, 이를 주택으로 보지 않는다. 예를 들어, 다가구주택은 주택으로 사용한 층수가 3층 이하여야 한다. 만약, 5층짜리 주택을 건축물대장상 1~2층은 근린생활시설, 3~5층은 주택으로 등록해서 다가구주택의 요건을 만족했더라도 5층 전체를 주거용으로 사용하면 세법상 다가구주택으로 보지 않는다.

　또한, 주택법상 주택이 아닌 오피스텔의 경우 이를 주거용으로 사용한다면 세법에서는 주택으로 본다. 비록, 오피스텔에 대해 부가가치세 과세사업자로 해서 사업자등록을 하고 부가가치세 신고를 하거나, 오피스텔의 임대차계약서에 업무용으로 전입신고는 불가하다는 내용이 있거나, 구청에서 재산세를 주택이 아닌 건축물로 보아 재산세를 부과하더라도 실제 오피스텔을 주거용으로 사용한다면 주택으로 판단한다.

　만약, 주택이 일시적으로 주거가 아닌 다른 용도로 사용되고 있다고 하더라도 그 구조·기능이나 시설 등이 주거용에 적합한 상태에 있

고 주거 기능이 그대로 유지·관리되고 있어 언제든지 본인이나 제삼
자가 주택으로 사용할 수 있는 경우에는 주택으로 판단한다. 따라서,
주택 양도일 현재 공실로 보유하는 오피스텔의 경우, 내부시설 및 구
조 등을 주거용으로 사용할 수 있도록 변경하지 않고 건축법상의 업
무용으로 사용승인된 형태를 유지하고 있는 경우에는 주택이 아니다.
다만, 내부시설 및 구조 등을 주거용으로 변경해 언제든지 주거용으
로 사용 가능한 경우에는 주택으로 볼 수 있으니 유의하자.

09. 부담부증여 시 유의사항

부담부증여에 대한 자세한 사항은 뒤에서 다루겠다. 여기에서는 부담부증여 시 유의사항에 대해서만 설명하려고 한다.

① 부담부증여 시 부채는 증여받는 사람이 갚아야 한다

예를 들어, 부모가 자녀에게 부담부증여로 증여를 했다가 추후 자녀가 대출금을 갚지 않고 나중에 부모가 대신 갚는 경우가 있을 텐데, 국세청에서는 납세자가 증여세 신고를 하면서 제출하는 서류에 기재된 모든 채무 내역(채권자, 채무 만기일 등)을 전산 시스템에 입력해 체계적으로 관리하고 있다. 이에, 채무 만기 시 국세청의 자동 점검 대상이 되므로 부담부증여로 재산을 증여받는 경우, 채무는 반드시 증여받는 사람이 갚아야 한다. 만약, 국세청이 수증자의 경제적 능력(ex : 소득, 재산)을 파악해 채무 상환 능력을 판단할 때 의심의 여지가 있다면, 세무조사로 이어질 수 있으니 유의하도록 하자.

다음의 사례는 국세청에서 파악한 부담부증여의 편법 사례인데, 도움이 될 것 같아 참고로 살펴보도록 하자.

실제 채무를 인수하지 않았음에도 부담부증여를 가장해 부친으로부터 주택 편법 증여

□ 인적 사항

○ 증여자 : 부친 B   ○ 수증자 : 자녀 A

□ 주요 검증 내용

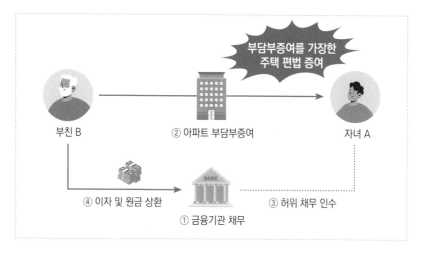

○ 자녀 A가 부친 B로부터 고가아파트를 증여받으면서 해당 아파트에 담보된 부친의 금융채무를 인수했다고 신고했으나,

 – 이에 대한 부채사후관리를 실시한 결과, 증여받은 이후에도 채무와 관련된 이자와 원금을 부친 B가 계속 상환한 사실 확인

 – 자녀 A가 실제 채무를 인수하지 않았음에도, 인수한 것으로 가장해 증여세 탈루

□ 조치사항

○ 실제 인수하지 않은 허위 채무에 대해 증여세 ○억 원 추징

(출처 : 국세청)

② 부담부증여 시 부채는 '모든 부채'가 가능한 게 아니다

부담부증여 시 증여재산가액에서 차감하는 부채는 증여재산에 담보된 채무(ex : 부동산 담보대출), 증여재산에 대한 임대보증금으로 한정된다. 따라서, 아버지가 아들에게 부동산을 부담부증여로 진행할 때 부동산 담보대출, 임대보증금이 아닌 아버지 개인의 사업자대출은 부채로 인정받을 수 없다.

③ 부담부증여가 무조건 유리한 것은 아니다

일반적으로 소득의 분산으로 부담부증여가 유리하다. 다만, 다음의 상황을 잘 살펴야 한다.

• 증여자 : 양도세

부담부증여의 경우 증여자는 양도세를 부담해야 한다. 만약, 증여자가 다주택자라면 양도세가 중과될 가능성이 있다. 또한, 2023년부터는 증여자의 양도세 계산 시 취득가액을 무조건 기준시가로 계산하도록 되어 있어 양도세가 기존의 계산 방식보다는 더 많이 나올 수 있다.

• 증여받는 자 : 취득세

주택을 증여받는 자의 경우, 채무액은 주택 취득세율을 적용받는다. 따라서, 증여받는 자가 다주택자라면 취득세가 중과될 수 있다. 또한 증여 취득세율을 적용함에 있어 주택을 증여받을 때, 주택의 기준시가가 3억 원이 넘는다면, 12%의 취득세율을 부담할 수 있다.

따라서, 부담부증여가 유리한지, 단순 증여가 유리한지는 세금적인 효과를 잘 검토해서 판단해야 할 것이다.

10. 금전 무상대여 시 주의사항

금전의 무상대여는 일반적으로 부모가 자녀에게 돈을 무상으로 지급하면, 증여세가 나와 이를 회피하기 위해 증여 대신 대여의 형식으로 금전을 빌려주는 형식을 취한다. 세법에서는 금전을 무상 또는 4.6%의 이자율보다 낮은 이자율로 대여받는 경우, 아래 표의 요건에 해당한다면 금전을 대여받은 자가 증여받은 것으로 본다.

구분	내용
무상대여	대여금액 x 4.6% ≥ 1,000만 원
저리대여	대여금액 x 4.6% − 실제 이자 지급액 ≥ 1,000만 원

예를 들어보자.

아버지가 아들에게 3억 원을 증여 대신 대여한다고 가정해보자.

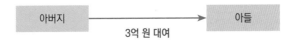

무상으로 대여한다면 3억 원 × 4.6%(1,380만 원)가 1,000만 원 이상이므로 증여세가 과세된다. 만약 무상이 아닌 저리인 2%의 이자를 아들이 지급한다면,

3억 원 × 4.6%(1,380만 원) − 3억 원 × 2%(600만 원)가 780만 원으로 1,000만 원에 미달해 증여세가 나오지 않는다.

그렇게 계산한다면 무상으로 증여세 부담 없이 지급할 수 있는 금액이 얼마나 될까?

X억 원 × 4.6% = 1,000만 원으로 X = 217,391,304(약 2억 1,000만 원)
까지는 무상대여해도 증여세는 부과되지 않는다는 계산식이 나온다.

그런데 정말 그럴까? 국세청에서는 부모, 자녀 간에 증여 대신 대여
로 진행을 하는 것을 인정하지 않는다. 기본적으로 부모가 자녀에게
금전을 무상으로 주는 것은 증여이기 때문이다. 따라서, 2억 1,000만
원을 무상으로 지급한다면 이를 국세청에서는 당연히 증여로 판단하
지, 대여로 보지 않는다. 그렇다면 대여로 인정받으려면 어떻게 해야
할까?

국세청에서는 특수관계자 간 자금거래가 금전소비대차 또는 증여
에 해당되는지 여부는 당사자 간 계약, 이자 지급 사실, 차입 및 상환
내역, 자금출처 및 사용처 등 해당 자금거래의 구체적인 사실을 종합
해 판단한다.

따라서, 최소한 금전대차계약서를 작성(이자율, 이자 지급일, 만기일 기재 필요)
해야 하고, 금전대차계약서에 따라 정해진 이자 지급일에 이자 지급
이 필요하다. 또한, 이자 지급 시 이자를 지급하는 사람(대금을 빌린 사람)
이 이자지급액의 27.5%(대여금에 대한 세율)를 원천징수해 그다음 달 10
일까지 주소지 관할 세무서에 납부해야 하며, 금전대차계약서상의 만
기일에 원금상환을 해야 한다. 금전대차거래에 대해 공증을 꼭 받아
야 하는지 물어보는 사람이 많은데, 공증은 형식이기 때문에 공증만

받고 이자 지급, 만기원금상환을 하지 않는다면 공증을 받아도 세법상 대여로 인정받지 못한다. 따라서 공증은 반드시 받지는 않아도 되며 최소한 이자 지급, 원천징수, 만기원금상환, 이 3가지는 지키도록 해야 국세청에서 증여로 과세하려고 할 때 대여로 주장할 여지가 있다.

다음은 금전무상대여에 대해 차용증을 작성했으나 이자나 원금을 지급하지 않아 편법 증여에 대한 혐의를 받은 사례인데, 참고하면 좋을 것 같다.

부모가 자녀와 허위로 차용증을 작성하고 자녀의 금융채무를 인수하는 방법으로 편법 증여한 혐의

□ 주요 혐의 내용

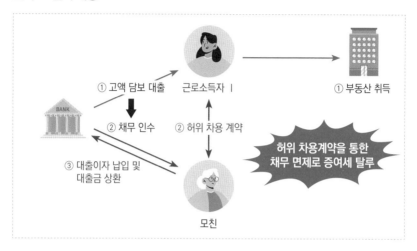

○ 근로소득자 I가 보유하고 있는 부동산에 **담보된 채무** ○○억 원을 **자력 없이 상환**한 사실이 확인되어 **자금출처**를 **분석**한 결과,

  – **고액자산가인 모친이 해당 채무를 인수**하고, 자녀 I에게 **동 금액을 빌려준 것처**럼 **금전대차계약을 체결**했으나,

  – 자녀 I는 모친에게 금전대차계약에 따른 **이자** 및 **원금**을 **지급하지 아니하는** 등 **채무 면제**를 통해 **변칙증여 받은 혐의**가 있음.

□ 조사 방향

○ 근로소득자 I에 대한 **자금출처 조사** 착수

11. 부동산 세무 조사

이번에는 부동산 세무 조사에 관한 내용을 알려드리려 한다. 부동산을 취득하려고 해도 세무 조사 때문에 불안한 분들을 대상으로 최근의 세무 조사는 어떤 동향을 가지고 있고, 세무 조사 사례는 어떤지 설명하려 한다.

(1) 최근 세무 조사 적발 추징사례

최근 일부 자녀들이 고액대출로 부동산이나 주식 등을 취득한 후, '부모 찬스'를 이용해 대출금을 상환하면서도 이를 은폐하는 행위를 일삼고 있다. 이에 국세청에서는 대출 증감 내역과 소득 및 소비 패턴에 대한 분석을 강화해 대출을 이용한 편법 증여 혐의자에 대한 세무 조사를 착수했다. 향후 국세청은 자산취득과 부채상환 등 다양한 부의 이전 과정에서 발생할 수 있는 변칙 증여에 대한 검증체계를 더욱 정교화해 탈루행위에 엄정 대응하려는 방침이다.

국세청에서 발표한 주요 세무 조사 적발 추징 사례를 살펴보면 다음과 같다.

사례 (1) 부모가 부동산 취득자금·대출이자·신용카드 결제대금까지 대납
소득이 적은 자가 고액의 부동산을 다수 취득했으나, 취득 및 이자 지급 시점에 해당 자금을 지급할 자력이 없고, 명품쇼핑 및 빈번한 해외여행 등 사치 생활로 인한 고액의 신용카드 사용액이 확인되는 등 부동산 취득자금, 이자, 신용카드 결제대금을 모두 모친이 대납한 혐의

사례 (2) 부친이 채무를 대신 변제하고 이를 은닉한 혐의자
부친으로부터 부동산 취득자금을 증여받고, 부동산을 담보로 금융기관에서 ○○억 원 차입. 이후, 부친이 자녀의 대출이자 및 대출원금 중 일부를 남기고 대부분 상환하면서 근저당가액은 변경 없이 계속 등기해 채무 상환 사실을 은닉하는 등 편법 증여받은 혐의

사례 (3) 부친으로부터 부동산을 저가로 취득하고, 담보된 금융채무의 대출이자를 부친이 대신 변제한 혐의
부친 소유의 부동산을 양도 형식으로 취득하면서 주변 시세보다 낮은 가액으로 거래하고, 매매계약서상 임대보증금 채무를 실제보다 과다하게 기재해 매매대금을 과소하게 지급했으며, 이후, 취득한 부동산에 설정된 근저당 채무의 명의를 변경하지 아니하고 계속해서 부친이 대출이자를 상환하는 등 편법 증여받은 혐의

사례 (4) 모친이 자녀의 금융채무를 인수하는 방법으로 편법 증여
자녀가 부동산을 취득하면서 금융기관으로부터 ○억 원을 차입하고 취득 부동산에 근저당권 설정, 이후, 모친이 해당 채무를 인수하고 자녀에게 동 금액을 빌려준 것처럼 금전대차계약을 체결했으나, 자녀는 모친에게 이자 및 원금을 지급하지 아니하는 등 채무 면제를 통해 편법 증여받은 혐의

(출처 : 국세청 보도자료)

(2) 세무 조사 대상자 선정 방법

국세청은 NTIS(차세대국세행정시스템)의 다양한 과세정보와 국토교통부의 자금조달계획서,[1] 금융정보분석원(FIU) 정보 등 과세 인프라를 활용해, 고가 아파트 등 취득자와 고액 전세입자에 대한 소득·재산·금융자료와 카드 사용 내역 등 PCI 분석[2]을 통해 현금 흐름을 입체적으로 분석하고, 그 결과 부모 등으로부터 현금을 편법 증여 받거나 사업소득 탈루 또는 사업체 자금을 유용해 부동산을 취득한 혐의가 있는 자를 검증 대상자로 선정한다.

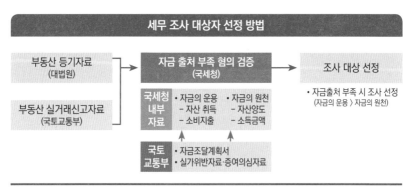

(출처 : 국세청 보도자료)

이 중, 30대 이하는 대다수가 사회초년생으로 자산 형성 초기인 경우가 많아 취득 자금이 불명확한 사례가 다수 포착되어 집중적으로 검증을 실시한다. 또한, 최근 고액 전세입자가 급격히 늘어나면서 전세금을 증여받는 등 탈루 개연성이 증가하고 있고, 이런 방식으로 편

---

1) 투기과열지구 또는 조정대상지역 내 실거래가 3억 원 이상(그 외 지역 6억 원) 주택 취득 시 제출하며, '부동산 거래 신고 등에 관한 법률' 제5조에 근거해서 국세청 통보
2) PCI(Property, Consumption, Income) 분석 : 자산·지출·소득 연계 분석

법 증여 받은 고액 전세자금은 향후 고가주택을 취득하는 자금원천으로 사용될 가능성이 큰 만큼, 매년 지속적인 검증을 실시하고 있다. 최근 고가아파트 취득자에 대한 자금출처를 전수 분석하고, 차입금을 이용한 편법 증여 등 일부 탈루 혐의를 포착해 검증 대상자로 선정했으며, 주택임대사업 법인 등을 통해 탈루한 혐의가 있는 경우에도 조사 대상으로 선정한다. 자금조달계획서를 바탕으로 주택 취득에 소요된 자기 자금과 차입금(부채) 비율을 비교 검토한 결과, 차입금 비중이 높은 부분에 대해서는 부모 등 친인척 간의 차입금에 대해 차입을 가장한 편법 증여에 해당하는지 여부를 금융거래 내역 확인과 금융정보분석원(FIU) 정보 등 과세인프라를 통해 중점 검증한다.

또한, 부모 등 특수관계자로부터의 차입, 금융기관 대출, 전세보증금 등 부채를 이용해 주택을 취득하는 경우, 원리금 상환이 자력으로 이루어지는지 여부에 대해 부채를 전액 상환할 때까지 전 과정을 세무 조사에 준하는 수준으로 철저히 '부채사후관리' 하고 검증할 계획이다.

이때, 부모 등에 의한 채무 면제 및 원금·이자 대신 변제, 무상대여 및 적정이자율(연4.6%) 지급 여부, 본인 소득은 부채상환에 사용하고 생활비는 부모가 지출하는 경우 등에 대해서는 다음과 같이 과세하고 있으므로 주의가 필요하다.

> • 채무원금 면제 및 대신 변제 시 면제·변제금액에 대해 증여세 과세
> • 무상대여·저율 대여 시 적정이자율(연 4.6%)과의 차액 증여세 과세
> ⇒ 위 증여세를 무신고한 경우, 과세할 수 있는 부과제척기간 최대 15년

(3) 구체적인 세무 조사 사례

부친 명의의 신용카드로 사치스러운 생활을 영위하고 부친이 대출금까지 대신 변제

□ **주요 혐의 내용**

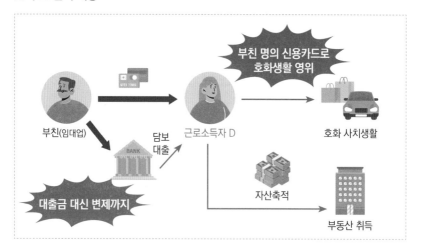

○ 근로소득자 D가 보유하고 있는 부동산의 근저당권이 말소되어 대출 상환자금 ○○억 원에 대한 자금출처를 분석한 결과,

- D의 연령·소득·재산 상태 등으로 볼 때 고액의 대출을 자력으로 상환했다고 인정하기 어려워, 부동산 임대업자인 부친이 대신 변제한 것으로 확인되고,

- 또한, 소비 생활은 부친의 신용카드로 영위하면서 본인 및 배우자의 소득은 모두 저축해서 자산을 증식하는 등 변칙 증여받은 혐의가 있음.

□ **조사 방향**

○ 근로소득자 D에 대한 자금출처 조사 착수

(출처 : 국세청)

모친이 부동산 취득자금 편법 증여 및 대출이자, 고액의 신용카드 대금을 대신 상환한 혐의

□ 주요 혐의 내용

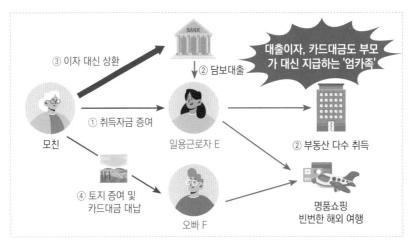

○ 일용근로자 E는 다수의 부동산을 취득했으나, 대출금을 제외하고 ○○억 원의 취득자금이 불분명해서 분석한 결과,

- 모친이 본인 소유 부동산을 양도하고 그 양도대금을 편법으로 증여 후, 자녀의 대출이자 또한 대납한 혐의가 확인되었고,

- 자녀들의 명품쇼핑 및 빈번한 해외여행 등 호화 사치 생활로 발생한 고액의 신용카드대금을 모친이 대납한 혐의가 확인됨.

- 또한, 모친이 F에게 부동산을 증여하는 과정에서 취득가액 대비 현저히 낮은 가액으로 평가해 증여세를 탈루한 혐의가 있음.

□ 조사 방향

○ 일용근로자 E 및 오빠 F에 대한 자금출처 조사 착수

(출처 : 국세청)

자녀가 대출받은 금융채무의 이자 및 원금 대부분을 부모가 상환했음에도 근저당권을 유지해 채무 상환 사실을 은닉한 혐의

□ **주요 혐의내용**

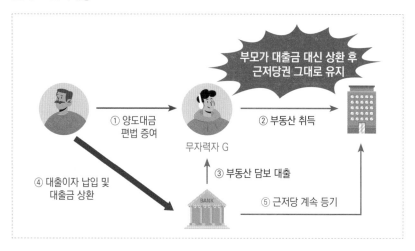

○ 일정한 소득이 없는 무자력자 G의 부동산 취득자금 및 사업창업자금 등에 대한 자금출처를 분석한 결과,

– 고액자산가인 부친으로부터 부동산 양도대금을 편법으로 증여받아 부동산을 취득하면서, 부동산을 담보로 ○○억 원을 차입해 부동산 취득자금 및 창업자금으로 사용했고,

– 이후, 부친이 대출이자 및 대출 원금의 대부분을 대신 상환했음에도 근저당은 당초 채권최고액으로 계속 등기해 채무 상환 사실을 은닉하는 등 편법 증여한 혐의가 있음.

□ **조사 방향**

○ 무자력자 G에 대한 자금출처 조사 착수

(출처 : 국세청)

제4장

취득세

제4장부터는 세목별로 거래처에서 필자에게 질문했던 내용이나, 최근 2~3년 이내에 국세청, 조세심판원, 법원에서 쟁점이 되었던 내용을 독자들이 쉽게 이해하도록 문답 형식으로 담았으니, 세목별로 알고 가면 좋은 내용을 확인해보도록 하자. 부동산을 취득함에 따라 부담하는 취득세부터 보유에 따른 종합부동산세, 종합소득세, 양도세, 부가가치세, 상속세 및 증여세를 순서대로 담았으니 차례로 읽어보면 도움이 될 것이다. 보유에 따른 재산세의 경우, 납세자의 부담은 크지 않은 듯해서 종합부동산세만 수록했으니 참고하기를 바란다.

01. 잔금 지급 이후에 소유권이전등기를 하지 않고 부동산 매매계약을 취소했다면, 이미 낸 취득세를 돌려받을 수 있을까?

Q A법인과 B씨는 토지 매매계약을 체결하고 해당 계약서에 따른 날짜에 잔금을 지급했고, 취득세를 신고하고 관할 지자체에 납부했다. 잔금까지 지급하고 취득세를 납부했지만 소유권이전등기를 하지 않고 매매계약이 취소되었기 때문에 A법인은 이미 납부한 취득세를 돌려달라고 했다. A법인은 이미 납부한 취득세를 돌려받을 수 있을까?

A 취득세는 소유권이전등기 등 소유권 취득의 형식적 요건을 갖추지 못하더라도 대금의 지급 등 소유권 취득의 실질적 요건을 갖춘 경우를 의미한다. A법인이 B씨에게 잔금을 지급한 이후에 매매계약을 해제했다고 하더라도 잔금 지급일에 성립한 취득세 등의 납세 의무에는 아무런 영향이 없다. 따라서, A법인은 이미 납부한 취득세를 돌려받지 못한다.

02. 증여로 인한 부동산 소유권이전등기 완료 후에 증여를 취소한다면 증여로 인해 납부한 취득세를 돌려받을 수 있을까?

Q A씨는 2017년 12월 27일에 아버지 B씨로부터 토지를 증여받아 취득세를 납부했고, 2017년 12월 29일에 증여를 원인으로 소유권이전등기를 완료했다. A씨는 이후 토지에 대한 증여계약을 합의해제하고, 소유권이전등기를 말소했다. 이 경우, A씨는 증여 취소로 인해 당초 증여로 인해 납부한 취득세를 돌려받을 수 있을까?

A 취득세는 재화의 이전이라는 사실 자체를 포착해 거기에 담세력(세금을 부담할 수 있는 능력)을 인정하고 부과하는 유통세의 일종으로서 취득자가 실질적으로 완전한 내용의 소유권을 취득하는가의 여부와 관계없이 사실상의 취득행위 자체를 과세객체로 하는 것이다. 여기에서 말하는 '취득'이란, 소유권이전 형식에 의한 취득의 경우를 포함한다.

'민법' 제554조에 따르면, 증여는 당사자 일방이 무상으로 재산을 상대방에 수여하는 의사를 표시하고 상대방이 이를 승낙함으로써 효력이 생기는 것으로써, 이로 인한 취득은 무상승계취득에 해당하므로 그 계약일에 취득세 납세의무가 성립되는 것이며, 해당 취득 물건을 등기·등록하지 않고 60일 이내에 계약이 해제된 사실이 화해조서·인

낙조서·공정증서 또는 계약해제신고서로 입증되는 경우에는 취득한 것으로 보지 않지만, 해제된 사실이 입증되는 경우가 아니면 증여받은 자는 부동산을 사실상 취득했다고 본다.

A씨는 2017년 12월 29일 토지에 대해 소유권이전등기를 완료한 사실이 등기사항전부증명서 등에 의해 확인되는 이상, 토지를 취득한 이후에 증여계약을 해제하고 소유권이전등기를 말소했다고 하더라도 이미 성립한 취득세 납세의무에는 영향이 없으므로 증여 취소로 인해 당초 납부한 취득세를 돌려받을 수는 없다.

03. 대도시 밖에 본점이 있는 법인이 대도시 내 부동산을 취득한 후, 지점 사업자등록을 해서 부동산 임대업을 영위할 경우, 취득세가 중과될까?

Q 용인(대도시 밖)에 본점을 둔 A법인은 서울(대도시 내)에 부동산을 취득해 지점 사업자등록을 했다. 대도시 내 지점으로 사용하기 위한 부동산 취득의 경우, 취득세가 중과된다고 들었는데 취득세가 중과될까?

A 법인 또는 일정 요건의 사무소 등이 대도시 내 설립·설치·전입 이전에 해당 용도로 직접 사용하기 위한 부동산 취득에 대해서는 취득세를 중과세한다. 일정 요건의 사무소 등이란, '법인세법'·'부가가치세법' 또는 '소득세법'에 따른 등록 대상 사업장으로서 인적 및 물적 설비를 갖추고 계속해서 사무 또는 사업이 행해지는 장소를 말한다.

따라서, 용인에 본점을 둔 A법인이 서울에 있는 부동산을 취득한 후, 서울에 지점 설치에 따른 인적·물적 설비를 갖추어 사업자등록 대상이 되는 부동산 임대업을 영위하는 경우라면 취득세 중과세 대상이다. 다만, 사업자등록 대상에 해당되지만, 인적·물적 설비를 갖추지 않은 경우에는 취득세 중과세 대상이 아니다. 인적 설비라고 하면 쉽게는 해당 지점에 상주하는 인원을, 물적 설비라고 하면 해당 지점의 사무나 사업에 사용되는 건축물, 기계장치 등을 말한다.

보통은 부동산 임대업의 경우, 물적 설비인 사무실은 있을 것이므로 해당 지점에 상주하는 인원이 있다면 취득세가 중과, 지점에 상주하는 인원이 없다면 취득세 중과가 아니라고 생각하면 된다.

04. 2023년부터는 증여로 인한 취득세를 계산할 때 공시가격이 아니라 시가로 계산한다는데, 맞는 말인가?

A 맞는 말이다. 취득세는 취득세 과세표준에서 세율을 곱해서 계산한다. 기존에는 취득세 과세표준을 계산할 때, 취득 당시의 금액으로 하며 취득 당시의 금액은 취득자가 신고한 금액을 원칙으로 하는데, 신고 또는 신고금액의 표시가 없거나 그 신고가액이 시가표준액보다 적을 때에는 시가표준액으로 하고 있었다. 증여로 인한 취득은 무상으로 부동산을 취득하기 때문에 취득 당시의 금액이 없어 시가표준액을 취득세 과세표준으로 정해 신고했다. 그런데 2023년부터 부동산을 증여로 취득하는 경우, 취득세 과세표준은 취득 시기 현재 불특정 다수인 사이에 자유롭게 거래가 이루어지면 통상적으로 성립된다고 인정되는 금액(매매사례가액, 감정가액, 공매가액 등 시가로 인정되는 금액)으로 적용된다.

예를 들어, 2022년까지 부동산을 증여할 때는 부동산의 시가가 10억 원, 공시가격이 6억 원이라면, 6억 원으로 취득세 과세표준을 계산했지만, 2023년부터는 10억 원으로 취득세 과세표준을 계산해야 하기 때문에 앞으로는 증여로 인한 취득세 부담이 커질 예정이다.

05. 주거용 오피스텔의 경우 주택수에 포함되는 것으로 알고 있는데 주거용 오피스텔은 무엇이며, 주거용 오피스텔도 취득세가 중과될까?

A 주거용 오피스텔은 오피스텔을 주거용으로 판단(납세자가 신고하거나 과세관청이 확인하는 등)해 재산세 과세 대상 가운데 주택으로 과세하는 오피스텔을 말한다. 주거용 오피스텔은 2020년 8월 12일 이후 취득하는 분부터 주택수에 포함하도록 하고 있으며, 이러한 주거용 오피스텔을 보유하고 있으면서 다른 주택을 취득할 때는 취득세가 중과될 수 있으나 주거용 오피스텔 자체를 취득할 때는 건축물대장상의 용도대로 건축물 취득세율인 4%가 적용된다.

06. 부부 공동명의로 1주택을 보유하고 있다가 다른 주택 1채를 사는 경우, 주택수는 어떻게 계산될까?

Ⓐ 취득세의 경우, 1세대의 범위 내에서 주택수를 합하도록 하고 있다. 1세대의 범위는 주택을 취득하는 사람과 '주민등록법' 제7조에 따른 세대별 주민등록표에 함께 기재되어 있는 가족으로 구성된 세대를 말한다. 다만, 배우자와 미혼인 30세 미만의 자녀는 세대를 분리하고 있더라도 1세대로 판단한다. 따라서, 1세대의 범위에 포함되는 배우자와 함께 공동명의로 주택을 보유하고 있다면, 이는 2주택이 아닌 1주택이므로 다른 주택 1채를 산다면 2주택자로 보아 취득세율을 적용한다.

예를 들어, 아내와 남편이 공동명의로 소유하고 있는 서울(조정대상지역)에 있는 주택A가 있었는데, 이번에 서울에 있는 주택B를 남편 명의로 구입하는 경우 주택수를 각각 산정하기 때문에 주택A에 대해 아내와 남편의 주택수를 합친 2주택인 상태에서 주택B를 구입해 3주택자에 대한 취득세율(12%)을 적용하는 게 아니라 아내와 남편은 1세대의 범위에서 주택을 공동소유하고 있기 때문에 주택A를 1채 보유하고 있으면서 주택B를 1채 구입하는 것으로 2주택자에 대한 취득세율(8%)을 적용한다.

07. 공시가격이 1억 원 이하의 주택과 오피스텔의 경우, 주택수에 포함되지 않는데 입주권, 분양권은 어떻게 될까? 주택을 지분으로 투자해 그 지분 투자 금액이 공시가격 1억 원 이하라면 주택수에 포함되지 않을까?

A 입주권과 분양권은 가격이 얼마인지와 관계없이 주택수에 포함된다. 또한, 주택을 지분으로 투자해 그 지분 투자 금액이 공시가격 1억 원 이하이더라도 전체 주택의 공시가격이 1억 원 이하인지 여부를 따진다. 예를 들어, 서울에 있는 단독주택(개별주택가격 4억)을 20% 지분 투자로 보유하고 있다가 이번에 서울에 있는 아파트 1채를 취득한다고 가정해보자. 단독주택의 개별주택가격이 4억 원이라 내 지분율 20%를 고려하면, 내 지분율에 해당하는 개별주택가격은 0.8억 원으로 공시가격 1억 원 이하의 주택을 보유하고 있는 것으로 판단해 이번에 서울에 있는 아파트 1채를 취득할 때 1주택자로 판단해 1~3%의 취득세율을 부담하는 게 아니다. 전체 주택의 공시가격이 4억 원이기 때문에 지분 투자로 보유하고 있는 단독주택도 주택수에 포함하게 된다. 따라서, 서울에 있는 아파트 1채 취득 시 2주택자에 대한 취득세율을 부담해야 한다. 지분 투자로 보유하고 있는 주택이나 오피스텔이 있는 경우, 해당 지분율에 따른 공시가격이 아니라 전체 주택공시가격으로 공시가격 1억 원 이하를 판단하는 점을 유의하기를 바란다.

08. 상속주택도 주택수에 포함되지 않는다고 하는데 어떻게 적용할까? 공동으로 상속받은 주택이 있는 경우, 주택수 계산도 알려달라

A 상속을 원인으로 취득한 주택, 조합원 입주권, 주택 분양권 또는 오피스텔로서 상속개시일부터 5년이 지나지 않은 주택, 조합원 입주권, 주택 분양권 또는 오피스텔은 주택수에 포함하지 않는다. 2020년 8월 12일 전에 상속받은 주택(조합원 입주권, 주택 분양권 또는 오피스텔)은 2020년 8월 12일 이후 5년 동안 주택수 계산할 때 소유하고 있는 주택수에서 제외시킨다. 예를 들어, 내가 2019년 8월 11일에 상속받은 주택이 있다면, 2020년 8월 12일 이후 5년 후인 2025년 8월 12일까지는 소유하고 있는 주택수에서 제외시킨다. 만약, 2020년 8월 12일 이후에 상속받은 주택이라면 상속개시일로부터 5년 동안 주택수를 계산할 때 소유하고 있는 주택수에서 제외시킨다. 예를 들어 2022년 9월 10일을 상속개시일로 상속받은 주택이라면, 2027년 9월 10일까지 소유주택수에서 제외시킨다.

공동으로 상속받은 주택이 있는 경우 공동지분자 전체를 상속주택으로 주택수에 포함시키는 게 아니라, 다음의 순서에 따라 상속인의 소유주택으로 판단한다.

1순위 : 지분이 가장 큰 상속인

2순위 : 지분이 같다면 그 주택 또는 오피스텔에 거주한 사람

3순위 : 지분이 같고 거주까지 같이한다면 나이가 가장 많은 사람

예를 들어, 아버지 명의의 집 1채를 어머니와 아들이 공동상속 받았다. 이때 어머니 지분율이 60%, 아들 지분율이 40%인 경우, 어머니와 아들 각각을 상속주택으로 판단하는 게 아니라 지분이 가장 큰 상속인이 어머니이기 때문에 상속주택은 어머니의 소유로 본다.

09. 2020년 8월 12일 이후에 분양권을 취득해 분양권에 의한 주택 취득 시 취득세율은 어떻게 적용할까?

A 분양권에 의해 취득하는 주택의 경우에는 분양권 취득일(분양 사업자로부터 주택 분양권을 취득하는 경우에는 분양계약일, 분양권을 승계취득하는 경우에는 계약서상 잔금 지급일)을 기준으로 주택수를 산정한다. 중요한 점은 분양권을 취득하는 당시에 보유하고 있는 주택수에 따라 추후 분양권에 의한 주택을 취득할 때 취득세율이 적용되는 것이지, 분양권에 의한 주택을 취득하는 시점의 주택수에 따라 취득세율이 적용되는 것은 아님에 유의해야 한다. 다만, 2020년 8월 12일 전에 분양권을 취득한 경우에는 주택 취득일(입주당시 잔금 지급일) 기준으로 주택수를 산정해 취득세율을 적용한다.

예를 들어, A주택, B주택 2주택을 보유하고 있는 김씨는 2020년 8월 20일에 C분양권을 하나 취득했다. C분양권에 의한 C′주택 취득은 2022년 8월 10일이었는데, 그사이에 A주택과 B주택을 모두 처분해 C′주택 취득 시 주택수는 1채였다. 그렇다면, 김씨는 C′주택 취득 시 1주택자에 대한 취득세율을 적용할까?

그렇지 않다. C분양권 취득 당시에 A주택과 B주택 2주택을 보유하고 있었기 때문에 그사이에 주택수가 변동되더라도 C′주택 취득 시

김씨는 3주택자에 대한 취득세율이 적용된다. 만약에, 해당 분양권이 2020년 8월 12일 전에 취득한 경우라면 C′주택 취득 시 1주택에 대한 취득세율을 적용한다.

10. 주택 분양권이나 조합원 입주권을 취득할 때에도 취득세가 중과될까?

A 분양권이나 입주권은 주택을 취득할 수 있는 권리이지, 주택이 아니기 때문에 분양권이나 입주권 취득 시 취득세가 부과되지 않고, 향후 분양권이나 입주권에 의한 주택 취득 시 취득세가 부과된다. 다만, 승계조합원 입주권의 경우에는 입주권 취득 시 토지 지분에 대한 취득세가 부과된다. 이렇듯 분양권이나 입주권 취득 시 취득세가 중과되지는 않지만, 2020년 8월 12일 이후 취득하는 조합원 입주권, 주택 분양권은 주택수에 포함되기 때문에 해당 입주권이나 분양권을 보유하고 있는 상태에서 다른 주택을 취득한다면, 다른 주택 취득 시 취득세율에 영향을 미친다.

11. 오피스텔 분양권은
주택수에 포함될까?

A 오피스텔 분양권은 오피스텔 완공 후 실제 주거용으로 사용
되는지, 사무실용으로 사용되는지 알 수 없기 때문에 오피스
텔 분양권을 취득하더라도 주택수에는 포함하지 않는다.

12. 주택 분양권에 대해 일시적 2주택을 적용받으려면 어떻게 해야 할까?

A 주택 분양권은 주택이 아니라 주택을 취득할 수 있는 권리이기 때문에 해당 주택 분양권에 의한 주택을 취득한 날부터 일시적 2주택 기간을 계산한다.

예를 들어, 내가 주택 1채를 보유하고 있으면서 주택 분양권을 2021년 8월 10일에 취득했고, 해당 주택 분양권으로 인한 주택 취득 시기는 2023년 10월 20일이라고 하자. 일시적 2주택 취득세 중과배제를 적용받기 위해서는 주택 분양권을 취득한 2021년 8월 10일부터 3년 이내에 종전주택을 처분하면, 신규주택 취득 시 취득세 중과배제를 적용받는 게 아니다. 주택 분양권에 의한 주택 취득 시기인 2023년 10월 20일부터 3년 이내에 종전주택을 팔면 일시적 2주택 취득세 중과배제를 적용받을 수 있다.

취득세 일시적 2주택은 조정대상지역에 있는 신규주택을 취득할 때 종전주택을 일정 기간 내에 판다는 전제하에 8%의 취득세율이 아닌 1주택자와 동일한 1~3%의 취득세율을 적용하자는 것으로, 이러한 신규주택에는 조합원 입주권, 오피스텔은 포함되지 않음에 유의하자. 조합원 입주권은 내 집을 허물고 다시 짓는 개념으로 조합원 입주권으로 인한 주택취득 시 취득세율은 원시취득 세율(2.8%)이 적용되며, 오피스텔은 4%의 취득세율을 적용받기 때문에 애당초 8%의 취득세율을 적용받지 않기 때문에 일시적 2주택자에 대한 취득세 혜택을 줄 이유가 없는 것이다.

13. 2020년 8월 12일 이후에 취득하는 조합원 입주권의 경우
   주택수에 포함이 된다던데, 원조합원으로
   관리계획처분인가일이 2020년 7월 10일이었다면
   조합원 입주권을 2020년 8월 12일 이전에 취득한
   것으로 보아 주택수에 포함이 안 되는 것이 맞는가?

A 우리가 주택에서 조합원 입주권으로 변환되는 시점을 '관리
계획처분인가일'로 알고 있는 사람들이 많다. 이는 양도세 측
면에서의 조합원 입주권 변환 시점을 말하는 것으로, 취득세 측면에
서는 관리계획처분인가가 나더라도 '주택의 건축물이 사실상 철거·
멸실된 날, 사실상 철거·멸실된 날을 알 수 없는 경우에는 서류상 철
거·멸실된 날'을 기준으로 조합원 입주권으로 변환된다. 따라서, 원조
합원으로 관리계획처분인가가 2020년 8월 12일 이전에 나더라도 실
제 철거·멸실이 2020년 8월 12일 전에 되지 않았다면, 조합원 입주
권을 취득한 게 아니라 주택을 소유하고 있는 것으로 판단하고 있다.
단순히 관리계획처분인가로만 조합원 입주권의 취득을 판단하는 게
아니라 철거·멸실된 날을 기준으로 조합원 입주권 취득 시기를 판단
하는 점에 주의해야 한다.

14. 주택임대사업자로 임대하려고 취득하는 주택도 다주택자에 대한 취득세 중과가 적용될까?

A 주택임대사업자의 경우, 양도세 비과세(거주주택 비과세)를 적용받기 위한 주택수에 포함되지 않는다고 생각해 취득세 측면에서도 주택수에 포함되지 않아 취득세 중과가 되지 않는다고 생각하는 분들이 의외로 많다. 하지만 주택임대사업자의 임대주택의 경우에도 주택임대사업자로 임대하려는 주택 취득 시 다주택자에 대한 취득세 중과세율이 적용된다(주택수에 따라 8~12%). 또한, 해당 주택은 소유주택수에도 포함이 되어 다른 주택을 취득할 때 주택수에 영향을 미치게 된다. 다만, 임대사업자가 공공지원민간임대주택으로 공급하기 위해 취득하는 주택은 해당 주택을 취득할 때 취득세 중과세율이 적용되지 않으며, 다른 주택 취득 시 주택수에서도 제외시킨다.

15. 대도시에서 설립한 지 5년 이내인 법인이 공시가격 1억 원 이하의 주택을 유상취득하는 경우 취득세율은 어떻게 적용될까?

A 법인이 공시가격 1억 원 이하의 주택을 유상취득한다면 12%의 중과세율을 적용받지 않고 기본세율(1~3%)의 취득세율을 적용받는다. 다만, 이는 법인의 주택취득에 대한 취득세 중과세율을 규정한 것으로, 이와는 별개로 대도시 내에서 설립한 지 5년 이내의 법인이 부동산을 취득하는 경우에는 취득세가 중과되며, 이 경우 주택취득 시 12%의 세율을 적용받는다(법인의 일부 업종은 제외)

이때, 같은 취득 물건에 대해 둘 이상의 세율이 해당되는 경우에는 그중 높은 세율을 적용받기 때문에 법인의 주택취득에 대한 취득세 중과세율을 적용받지 못하더라도 대도시 내 취득세 중과에 해당한다면 12%의 취득세율을 적용받게 된다.

16. 1세대 1주택자인 증여자가 배우자 또는 직계존비속에게 공시가격 3억 원 이상인 주택을 증여할 때, 12% 세율이 아닌 3.5% 세율로 적용하는데 공시가격 1억 원 이하의 주택은 증여자의 주택수에 포함될까?

A 공시가격 1억 원 이하의 주택은 다주택자나 법인이 유상으로 주택을 취득할 때에 주택수에서 제외시키지만, 증여 시에는 해당되지 않는다. 즉, 공시가격 1억 원 이하의 주택을 증여자가 보유하더라도 증여자의 주택수에 포함시킨다. 예를 들어 아버지가 A주택, B주택 총 2채를 보유하고 있는데, A주택의 공시가격은 5억 원, B주택의 공시가격은 0.8억 원으로 아버지가 A주택을 별도 세대인 아들에게 증여한다고 가정해보자. 아버지 입장에서는 B주택이 공시가격 1억 원 이하라 A주택이 공시가격 3억 원 이상이더라도 1세대 1주택자로 증여로 인한 취득세율은 3.5%라고 생각할 수 있지만, 주택 증여시 공시가격 1억 원 이하의 주택은 주택수에 포함되기 때문에 아버지는 1세대 2주택자로 아들이 부담해야 하는 증여로 인한 취득세율은 12%다.

17. 주택의 일부 지분만 증여하는 경우 공시지가 3억 원 이상은 어떻게 판단할까?

A 주택의 일부 지분만 증여하더라도 공시가격 3억 원을 판단할 때는 전체 주택 공시지가가 3억 원인지 여부를 따지도록 하고 있다. 일부 지분만 증여받는다고 해당 지분에 따른 공시가격이 3억 원에 미달된다고 생각하면 안 된다. 예를 들어, 다주택자인 아버지가 공시가격 8억 원인 서울(조정대상지역)의 아파트를 독립세대인 아들에게 25% 증여한다고 가정할 때, 3억 원 이상의 여부는 8억 원의 25%인 2억 원이 아니라, 전체 주택의 공시지가 8억 원을 기준으로 3억 원 이상인지 여부를 따져야 한다. 따라서, 아들의 증여로 인한 취득세율은 12%를 적용받게 된다.

제5장

종합부동산세

01. 주택에 대한 종부세는 주택수에 따라 종부세율이 달라지는데, 주택수는 어떻게 계산할까?

A 주택 종부세 세율 적용 시 주택수는 납세자별로 전국에 소유하는 재산세 과세 대상 주택을 합한 개수로 계산한다. 만약, 주택의 일부 지분(부부 공동명의 소유 지분, 주택의 부속토지)만 보유한 경우에도 주택 1채를 소유한 것으로 보아 종부세 세율을 적용한다. 예를 들어, 내가 비조정대상지역에 주택 2채를 단독명의로 보유하고 있으면서 조정대상지역에 주택 부수토지만 100% 소유하고 있다고 해보자. 종부세를 계산할 때, 나는 비조정대상지역에 있는 주택 2채에 대한 종부세율(개인 : 0.5%~2.7%, 법인 : 2.7%)을 적용받는다고 생각할 수 있겠지만, 주택 부수토지도 주택수에 포함되어 나는 3주택자에 대한 종부세율(개인 : 0.5%~5%, 법인 5%)을 적용받게 된다. 또한, 남편 100% 소유의 A주택과 남편과 아내가 각각 50% 지분으로 소유하고 있는 B주택이 있다고 할 때, 남편은 종부세 세율 대상 주택수가 A주택, B주택의 2채를 보유하고 있고, 아내는 B주택의 1채를 보유하고 있다.

02. 종합부동산세에서 말하는
1세대 1주택자는 무엇인가?

A 과세기준일(매년 6월 1일) 현재, 세대원 중 1명만이 주택분 재산세 과세 대상인 1주택만을 소유한 경우로서 그 주택을 소유한 거주자를 말한다. 주의할 점은 배우자 또는 세대원이 1주택을 공동으로 소유하고 있는 경우에는 세대원 중 1명만이 1주택을 소유한 경우에 해당하지 않아 1세대 1주택자에 해당하지 않는다. 다만, 다음의 경우는 예외적으로 1세대 1주택자로 판단한다.

1주택(주택의 부속토지만을 소유한 경우는 제외)**과 다른 주택의 부속토지**(주택의 건물과 부속토지의 소유자가 다른 경우의 그 부속토지)**를 함께 소유하고 있는 경우**

앞서, 다른 주택의 부수토지만 보유하고 있는 경우에도 원칙적으로는 주택수에 포함된다고 했는데, 1주택과 다른 주택의 부수토지를 보유하고 있는 경우에는 예외적으로 1세대 1주택자로 판단한다. 예를 들어, 세대원 중 남편이 1주택과 다른 주택 부수토지 1필지를 보유하고 있다면, 원칙적으로 2주택을 보유하고 있는 것이나 위의 예외사항에 해당해 1세대 1주택자로 판단할 수 있다.

03. 2022년부터 일시적 2주택, 상속주택, 지방 저가주택의 경우, 1세대 1주택자 계산 방식이 가능하다던데 맞는가?

A 그렇다. 2022년부터 일시적 2주택, 상속주택, 지방 저가주택을 소유하는 경우, 납세자의 신청에 따라 1세대 1주택자 계산 방식을 적용받을 수 있다. 만약, 일시적 2주택, 상속주택, 지방 저가주택을 함께 보유한 경우에도 1세대 1주택자 특례를 적용받을 수 있다.

1세대 1주택자 계산 방식 신청 효과

구분	신청 시	미신청 시
기본공제	12억 원	9억 원
세액공제*	최대 80%	×

(출처 : 국세청)

*연령 : (60세 이상 65세 미만) 20%, (65세 이상 70세 미만) 30%, (70세 이상) 40%
보유 기간 : (5년 이상 10년 미만) 20%, (10년 이상 15년 미만) 40%, (15년 이상) 50%

(1) 일시적 2주택 : 종전주택 + 신규주택

1세대 1주택자가 기존주택을 양도하기 전에 신규주택을 취득해 과세기준일(6월 1일) 현재 일시적으로 2주택이 된 경우로, 신규주택 취득일로부터 3년 이내에 종전 주택을 양도하는 경우

(2) 상속주택 : 1주택 + 상속받은 주택

1주택자가 상속을 원인으로 취득한 주택으로서 과세기준일(매년 6월 1일) 현재, 다음의 어느 하나에 해당하는 주택을 함께 보유하는 경우

① 상속개시일(사망일)로부터 5년이 지나지 않은 주택

② 상속 지분이 전체 주택 지분의 40% 이하인 주택.

이때, 상속 지분이 전체 주택 지분의 40%의 의미는 피상속인의 해당 주택 지분에서 상속받은 지분이 차지하는 비율을 의미한다. 예를 들어, 피상속인이 50%의 지분율을 가지고 있는 주택을 상속인 4명이 25%씩 상속을 받은 경우, 상속주택 지분은 상속받은 지분인 25%가 아니라 피상속인의 지분율 50%에서 내 지분율인 25%를 곱한 50% × 25% = 12.5%를 말한다.

③ 상속받은 주택 지분에 해당하는 공시가격이 수도권 6억 원, 수도권 밖 3억 원 이하인 주택.

공시가격은 매년 과세기준일 현재를 기준으로 판단한다. 위의 ① ~ ③의 어느 하나만 만족하면 특례를 적용받을 수 있기 때문에 상속개시일로부터 5년이 지나더라도 공시가격이 과세기준일 현재 요건을 만족하면 특례적용이 가능하다.

만약, 상속받은 주택이 여러 채인 경우에도 1세대 1주택자 특례를 적용받을 수 있다.

(3) 지방 저가주택 : 1주택 + 지방 저가주택 1채

수도권 및 광역시·특별자치시(소속 군, 읍·면지역 제외) 외의 지역에 위치하는 공시가격 3억 원 이하인 주택 1채

따라서, 지방 저가주택 2채 이상을 소유하고 있으면 1세대 1주택자 특례를 적용받을 수 없다.

04. 2022년부터 종부세 세율 적용 시 주택수 계산에 일시적 2주택, 상속주택, 지방 저가주택은 제외한다던데 맞는가?

A 그렇다. 1세대 1주택 계산 방식뿐만 아니라 종부세 세율 적용 시 주택수에 따라 차이가 있는데, 일시적 2주택, 상속주택, 지방 저가주택은 세율 적용 시 주택수에서도 제외시킨다. 구체적으로 일시적 2주택의 신규주택, 지방 저가주택, 상속주택이 그 대상이며, 종부세 세율 적용 시 낮은 세율이 적용될 수 있다.

ex : 주택 2채를 보유하고 있는 사람이 상속주택 1채를 취득한 경우

구분	세율 적용 시 주택수	종부세 세율
특례 신청 전	3	0.5% ~ 5%
특례 신청 후	2	0.5% ~ 2.7%

05. 종합부동산세 세율 적용 시
우리 집이 조정대상지역인지 여부는
언제를 기준으로 판단하는가?

A 종합부동산세 세율 적용 시 조정대상지역 소재 판정은 과세기준일인 매년 6월 1일을 기준으로 판단한다. 예를 들어, 2022년 10월 20일에 A지역이 조정대상지역으로 지정되었는데, 2023년 3월 1일에 조정대상지역에서 해제되었다면 2023년 6월 1일 기준, A지역은 비조정대상지역이기 때문에 비조정대상지역의 주택수로 보아 과세가 된다. 또한, 2022년 10월 20일에 B지역이 조정대상지역으로 지정되었는데, 2023년 6월 5일에 조정대상지역에서 해제되었다면, 2023년 6월 1일 기준 B지역은 조정대상지역이기 때문에 조정대상지역의 주택수로 보아 과세가 된다.

06. 부부 공동명의 1주택자의 경우,
1세대 1주택자 특례 신청이 가능하다던데
어떻게 적용받을까?

A 공동명의 1주택의 경우에는 원칙적으로 1세대 1주택자가 아니라 1세대 2주택자이기 때문에 공동명의자 각각 9억 원의 기본공제를 적용받고 세액공제(연령 및 보유 기간에 따른 최대 80%)를 적용받지 못한다. 다만, 예외적으로 부부가 공동으로 1주택만을 소유한 경우에는 납세자의 신청에 따라 1세대 1주택자 계산 방식을 적용(기본공제 12억 원 공제 & 세액공제 적용)하거나 종전처럼 공동명의자 각각 9억 원의 기본공제를 적용받고 세액공제를 적용받지 못하는 방식을 선택할 수 있다. 이때 주의할 점은 과세기준일인 6월 1일 현재, 거주자인 부부가 1주택만을 공동소유해야 하기 때문에 부부인 남편과 아내가 각각 50%를 공동소유한다면 종부세 특례가 가능하나, 남편과 아들이 각각 50%를 공동소유한다면 종부세 특례를 적용받지 못한다.

07. 부부가 공동명의 1주택과 다른 주택의 부속토지를 소유한 경우에는 1세대 1주택자 특례 신청이 가능한가?

A 부부공동명의 1주택의 납세의무자(지분율이 큰 자, 지분율이 동일한 경우에는 선택가능)가 다른 주택의 부속토지를 소유한 경우에도 1세대 1주택자 특례 신청이 가능하다. 예를 들어, 부부공동명의 50%로 남편을 납세의무자로 결정했는데, 남편이 다른 주택의 부수토지를 소유한 경우에도 특례 신청이 가능하다. 다만, 납세의무자의 남편이 아닌 아내가 공동명의 1주택 이외에 다른 주택의 부수토지를 소유하고 있는 경우에는 특례 신청을 할 수 없다.

08. 주택임대사업자로 등록한 주택이
자동말소 또는 자진말소 된 경우,
세무서에서 종부세 합산배제를 해서 고지서가 나오는가?

A 기존에 주택임대사업자로 등록해 신고된 주택이 자진말소 또는 자동말소된 경우에는 종부세 합산배제 제외신고를 해야 한다. 만약, 합산배제 신고를 하지 않고 해당 주택이 고지서에 제외되어 나온 경우에는 추후 가산세를 포함해서 종부세를 추징당할 수 있다.

09. 주택임대를 하고 있지만,
주택임대사업자로 등록을 하지 못했다면
종부세 합산배제로 인정받지 못할까?

A 종합부동산세 과세기준일인 6월 1일 현재, 주택임대를 하고 있는 납세의무자의 경우에는 해당 연도 9월 16일부터 9월 30일까지 임대사업자등록(시, 군, 구청 및 세무서)을 한다면, 종부세 합산배제를 인정받을 수 있다. 다만, 종부세 합산배제를 적용받으려면 주택임대사업자의 의무 임대 기간을 준수해야 하는데, 의무 임대 기간은 임대사업자로 등록한 이후의 임대 기간부터 계산하므로, 임대사업자 등록 이전의 임대 기간은 의무 임대 기간에 포함되지 않는다.

10. 상속받은 주택 지분에 해당하는 공시가격이 6억 원(수도권 밖 3억 원)을 넘는다면, 주택 지분을 처분해 1세대 1주택자 특례와 종부세 세율 적용 시 주택수 계산 특례를 적용받을 수 있을까?

A 상속받은 주택 지분에 해당하는 공시가격이 수도권 6억 원, 수도권 밖 3억 원 이하인 주택이라면, 1세대 1주택자 특례와 종부세 세율 적용 시 주택수 계산 특례를 적용받을 수 있다. 그렇기 때문에 주택 지분 일부를 처분 또는 양도 또는 증여해 과세기준일인 매년 6월 1일 현재, 공시가격이 6억 원(수도권 밖 3억 원) 이하라면 특례를 적용받을 수 있다.

11. 일시적 2주택, 상속주택, 지방 저가주택은 1세대 1주택자 특례와 종부세 세율 적용 시 주택수 계산 특례를 적용받는다는 게 종부세 과세를 하지 않는다는 의미인가?

A 일시적 2주택, 상속주택, 지방 저가주택이 1세대 1주택자 특례와 종부세 세율 적용 시 주택수 특례를 적용받는다는 의미는 1세대 1주택자처럼 계산하도록 하고, 종부세 세율 시 주택수에서 제외시킨다는 의미로, 해당 주택들은 종부세 과세 대상 주택의 과세표준에 합해서 종부세가 과세된다. 추가로, 1세대 1주택자 특례 계산 적용 시 해당 주택들까지 합한 종부세 과세표준에서 12억 원을 공제하지만, 해당 주택에 대해서 세액공제는 적용받을 수 없다.

12. 임대차계약 기간이 남은 상태에서 임대사업자로 등록이 말소되는 경우, 남은 임대차 계약기간 동안 해당 주택은 종부세 합산배제가 가능할까?

Q 2017년 3월 A씨는 장기임대주택(8년)으로 등록해 임대를 개시했고, 2024년 3월 새로운 임차인과 2년 계약기간의 임대차계약을 체결할 예정이다. 이후 2025년 해당 임대주택은 자동말소될 예정이다. 이 경우, 임대차계약기간이 남은 상태에서 해당 임대주택이 자동말소된다면, 임대차계약기간 동안 임대주택은 종부세 합산배제가 가능할까?

A 그렇지 않다. 종부세 합산배제에 대한 임대주택은 임대사업자로서의 지위가 있는 상태에서 혜택을 주려는 것으로, 의무 임대 기간의 종료로 임대주택이 등록말소된 이후에 임대를 하고 있더라도 종부세 합산배제는 적용받을 수 없다.

13. 주택 임대사업자로 사업자등록을 하더라도 임차인을 구하지 못해 과세기준일(6월 1일) 현재 임대사업을 하고 있지 않은 경우, 종부세 합산배제 임대주택으로 볼 수 있을까?

Q A씨가 2018년 3월 1일에 B주택을 매입하고 관할 구청에 임대사업자등록 및 세무서에 사업자등록을 했다. 그러나 B주택에 대한 임차인을 구하려고 했으나 계속된 노력에도 구하지 못해 과세기준일인 6월 1일 현재까지 임대사업을 하지 못하는 상황이다. 이렇게 임차인을 구하지 못해 어쩔 수 없이 임대사업을 할 수 없는 상황에서는 예외적으로 B주택을 종부세 합산배제 임대주택으로 볼 수 있을까?

A 그렇지 않다. 종부세 합산배제 임대주택은 구청에 임대사업자등록 및 세무서에 사업자등록을 한 주택으로 과세기준일인 6월 1일 현재, 주택을 임대하고 있어야 종부세 합산배제 임대주택을 적용받을 수 있다.

14. 아파트 분양권을 2020년 7월 10일 이전에 임대주택으로 등록 신청을 했다면 종부세 합산배제 임대주택으로 인정받을 수 있을까?

Q 2018년 2월 23일 아파트 분양권을 취득한 후에 2020년 7월 10일 분양권 상태에서 주택임대사업자로 등록 신청했고, 2020년 7월 16일에 주택임대사업자로 등록되었다.

2020년 7월 11일 이후 장기일반민간임대주택 중 아파트를 임대하는 민간매입임대주택은 종부세 합산배제에서 제외하도록 되어 있는데, 분양권 상태에서 주택임대사업자로 신청한 경우도 합산배제에서 제외될까?

A 그렇지 않다. 분양권 상태로 2020년 7월 10일 이전에 등록 신청을 한 임대주택도 종부세 합산배제가 가능하다.

제6장

종합소득세

01. 주택임대를 하면서 보증금만 받아도 주택에 대한 감가상각비 등의 비용을 비용 처리할 수 있을까?

A 비용 처리가 가능하다. 주택에 대해 보증금·전세금만을 받은 경우에도 주택에 대한 비용(감가상각비, 재산세, 종합토지세, 건물수선비, 인건비 등)은 부동산 임대소득금액을 계산할 때 비용 처리가 가능하다.

02. 주택임대사업자가
개인에게 주택임대용역을 공급하고
영수증을 교부해도 되나?

A 주택임대사업자가 제공하는 주택임대용역은 부가가치세법상 면세에 해당하기 때문에 세금계산서를 발급할 수 없다. 그렇다면 소득세법에 따른 계산서를 발급해야 하는데, 예외적으로 비사업자인 개인에게 주택임대용역을 제공하는 경우에는 영수증을 교부할 수 있다. 다만, 주택임대용역을 제공받는 자가 사업자라면 계산서를 교부해야 한다.

03. 사업에 사용하는 주택과
사업 외 주택을 함께 보유할 때 사업소득 비용 처리 시
종합부동산세는 어떻게 계산할까?

Q A씨는 A아파트를 사업장으로 해서 부동산 임대업으로 사업자등록을 해 임대업을 유지하고 있다. A씨는 A아파트(사업용)와 B아파트(비사업용) 2주택에 대해 2021년 귀속 종합부동산세 OO원을 부담했다. 이 경우, A아파트에 대한 종합부동산세 금액만큼은 사업소득에서 비용 처리를 해야 하는데, 어떻게 비용 처리해야 할까?

A 종부세는 주택의 공시가격을 합한 금액으로 종부세 고지서 금액이 나오기 때문에 종합부동산세 금액 중 어느 금액이 사업용 임대주택과 관련 있는 금액인지, 아닌지를 구분할 수가 없기에 이 경우 A씨가 납부하는 종합부동산세 중 A아파트와 B아파트의 전체 공시가격 합계에서 A아파트가 차지하는 공시가격의 비율만큼 금액은 사업소득에서 비용 처리가 가능하다.

04. 임차인이 폐업 후 재개업으로 계속 임차하는 경우, 상가임대료를 인하한 임대사업자에 대한 세액공제 적용이 가능한가?

Q A씨는 2018년 7월부터 부동산 임대사업자등록을 하고 임대업을 영위하고 있다. 2020년 이전부터 계속 계약하고 있던 임차인이 코로나19로 인한 매출 하락으로 폐업 후 업종을 변경해서 재개업했으나 임차인이 동일해 기존 계약서상 임대조건은 변동이 없는 것으로 했다. 이 경우, 상가임대료를 인하한 임대사업자에 대한 세액공제를 적용받기 위한 임차인 요건 가운데 '임대상가건물을 2020년 1월 31일 이전부터 계속해서 임차해 영업용 목적으로 사용하고 있는 자'로 해석하고 있는데, 2021년 1월 31일 후 동일 임차인이 사업 부진으로 인해 폐업했으나 재개업해 계속 영업용 목적으로 임대상가건물을 사용하는 경우, 위의 임차인 요건을 충족할까?

A 충족한다. 임차인이 2020년 1월 31일 후 임대차계약관계의 변경 없이 폐업 후 재개업 등으로 사업 내용만 변경된 채 계속 임차해 영업용 목적으로 사용하는 경우에도 임차인 요건을 만족해 상가임대료를 인하한 임대사업자에 대한 세액공제를 적용받을 수 있다.

05. 주택임대업을 영위하면서 주택임대소득에 대해 분리과세 신고 방식을 선택해 소형주택임대사업자에 대한 세액감면을 적용받은 경우, 감가상각의제 규정이 적용될까? 만약 이러한 주택을 팔 때 취득가액에서 감가상각의제액이 차감될까?

Q A씨는 장기일반민간임대주택을 등록해 주거용 건물 임대업을 영위하는 사업자이며, 주택임대소득에 대해 분리과세 신고 방식을 선택해서 신고했다. 이때, 소형주택임대사업자에 대한 세액감면을 적용한 경우, 감가상각의제 규정이 적용될까?

A 적용된다. 세법상 감가상각은 원칙적으로 일정한 감가상각 범위 금액 내에서는 감가상각비를 개인 스스로가 감가상각비의 계상금액 또는 비용 처리 시기를 임의적으로 선택할 수 있다. 다만, 예외적으로 감면을 받는 기간 동안 감가상각비를 계상하지 않거나 과소계상한 경우, 해당 기간에 감가상각한 것으로 보는 감가상각의제 규정이 있다. 이는 감가상각비의 계상금액 또는 비용 처리 시기를 조절할 수 있는 것을 이용해 감면이 이루어지는 기간 동안 감가상각비로 비용 처리하지 않고 나중에 감면이 끝난 다음 감가상각비를 계상하면, 그 기간 동안 세금 부담이 감소되어 감면 기간에 대한 세금혜택과 감면 기간 후에 감가상각비에 대한 세금혜택의 이중 혜택을 받는 것을 방지하기 위한 목적이다. 다만, 취지와는 다르게 개인의 경우에

는 강제적으로 감가상각비의제액만큼을 해당 연도에 비용 처리하지 않도록 하고 있다. 또한, 분리과세 임대사업자의 경우에는 장부작성을 하지 않고 추계신고로 소득세를 신고하기 때문에 감가상각비를 계상하지 않는다.

결론적으로 주택임대소득에 대해 소형주택임대사업자에 대한 세액감면을 받은 경우에는 해당 건축물에 대해 감가상각비의제 규정을 적용한다. 이 내용이 중요한 이유는 추후 양도세를 신고할 때 '취득가액에서 감가상각 의제액만큼을 차감시키는가?'에 대한 문제가 있기 때문이다. 소형주택임대사업자에 대한 세액감면을 적용받는데, 만약 감가상각의제액만큼을 해당 연도에 비용으로 처리하지 않았는데(앞서, 개인은 감가상각의제액만큼을 강제로 비용 처리를 하지 않는다고 이야기했다), 추후 양도세 계산할 때의 취득가액에는 감가상각의제액만큼을 차감시켜야 한다고 국세청에서 해석하고 있기 때문이다.

따라서, 내가 매년 소득세 신고 시 감가상각의제액만큼을 비용 처리하지 않았는데 나중에 양도할 때 취득가액에서 감가상각의제액만큼을 차감시키도록 하고 있으니 감가상각의제액만큼은 결국 비용 인정을 못 받게 되는 것이다. 추후 감가상각의제액의 비용 인정은 법 개정을 통해 보완될 것으로 생각된다.

06. 주택 2채를 보유하고 있는 부부가 그중 1채를 비주거용으로 사용할 때, 주택임대소득이 과세될까?

Q 남편과 아내는 각각 국내에 주택을 1채(고가주택 아님)를 소유하고 있다. 아내는 아내 명의의 A주택에서 어린이집을 운영하고, 남편 명의의 B주택은 주거용으로 월세를 받으면서 임대하고 있다. 남편과 아내가 주택 2채를 보유하고 있는데 1채는 비주거용으로 사용한다면, 주택임대소득 비과세 여부를 판단할 때 주택수에 포함될까?

A 포함되지 않는다. 먼저 주택임대소득에 대한 소득세 과세제도를 살펴보면, 다음과 같이 내가 보유하고 있는 주택이 2주택일 때 월세를 받고 임대를 하면 소득세가 과세된다.

주택임대소득에 대한 소득세 과세제도

구분	임대료(월세)	간주임대료(임대보증금, 전세금)
1주택	비과세 (고가주택 과세 : 기준시가 12억 원 초과 주택)	과세제외
2주택	과세	
3주택 이상	과세	보증금 합계가 3억 원 이내 : 과세 제외 보증금 합계가 3억 원 초과 : 과세

*간주임대료 계산 시 주거의 용도로만 쓰이는 면적이 40㎡ 이하인 주택으로서 해당 과세기간의 기준시가가 2억 원 이하인 주택은 2023년 12월 31일까지는 주택수에 포함하지 않는다.

이 경우 주택은 상시주거용으로 사용하는 건물을 말하며, 사업을 위한 주거용인 경우는 제외하도록 하고 있으므로 어린이집으로 운영하는 A주택의 경우, 주택수에 포함하지 않는다. 따라서, 주택임대소득 과세 대상은 아니다.

07. 소형주택 임대사업자 세액감면 신청 시 첨부서류를 제출하지 않은 경우에도 세액감면 적용이 가능할까?

Q A씨는 2018년 7월부터 '민간임대주택에 관한 특별법'에 따른 사업자 등록 및 임대 등 요건을 갖춘 주택임대 사업자로 2018년 귀속 종합소득세 신고 시 소형주택 임대사업자 세액감면 요건에 해당해 신청을 했으나 감면 신청 시 첨부서류(임대사업자등록증, 임대조건 신고증명서, 표준임대차계약서 사본)를 제출하지 않았다. 이 경우에도 세액감면 적용이 가능할까?

A 세액감면 적용이 가능하다. 세액감면 신청 시 첨부서류가 제출되지 않은 경우에도 감면 요건에 해당하는 사실이 객관적으로 확인되는 경우에는 세액감면이 가능하다.

08. 부동산 매매업 또는 부동산 임대업에 사용되는 부동산을 증여받은 경우, 자산 취득 시 납부한 증여세는 사업상 비용 처리가 가능할까?

Q A씨는 부동산 임대업을 영위하고 있으며, 이번에 A씨의 자녀에게 임대하고 있는 A부동산을 증여할 계획이다. A부동산 증여 이후에도 A씨의 자녀는 A부동산을 임대업에 사용한다면, 해당 자산 취득 시에 납부한 증여세가 사업상 비용 처리가 가능할까?

A 가능하지 않다. 사업상 비용 처리는 매출을 발생시키기 위해서 대응하는 비용을 말하고 있으며, 개인적인 경비와 관련된 비용은 사업상 비용 처리할 수 없다. 증여세의 경우, 부동산의 증여를 통해 발생하는 비용이지, 부동산 임대업(또는 매매업)의 매출을 발생시키기 위해 대응하는 비용은 아니기 때문에 비용 처리를 할 수 없다.

09. 겸용주택의 주택임대소득에 대한 비과세 여부 판단 시 기준시가 12억 원은 어떻게 산정할까?

Q A씨는 1세대 1주택자로서 서울에 있는 겸용주택(1층 상가, 2~3층 주택)을 소유하고 있다. 해당 겸용주택은 주택면적이 비주택면적보다 큰 상태로 겸용주택의 주택임대소득에 대한 비과세 여부를 계산할 때 기준시가 12억 원을 어떻게 산정할까?

〈1안〉 주택 외 부분을 주택에 포함시켜 전체 건물과 토지에 대해 기준시가 12억 원을 초과하는지 여부로 판단한다.

〈2안〉 주택(부수토지 포함) 부분만 기준시가 12억 원을 초과하는지 여부로 판단한다.

A 정답은 1안이다. 주택임대소득이 기준시가 12억 원을 초과하는지 여부를 판단할 때 주택면적이 주택 외 면적보다 큰 때에는 그 전부를 주택으로 판단해 기준시가 12억 원 여부를 판단한다. 만약, 주택면적이 주택 외 면적과 같거나 그보다 작은 때에는 주택면적만 주택으로 판단해 기준시가 12억 원 여부를 판단한다.

10. 임차주택의 임차료를 주택임대수입금액에서 차감할 수 있을까?

Q A씨와 B씨(A씨 배우자)는 각자의 명의로 아파트 1채를 소유하고 있으며, A씨 소유의 아파트에서 B씨와 같이 생활하고 있었다. 기존에는 B씨 소유 아파트를 보증금 5,000만 원, 월세 200만 원을 받고 다른 사람에게 임대하고 있으며 B씨는 종합소득세 신고를 하고 있었다. 이후 A씨는 A씨 명의의 아파트를 대상으로 보증금 4,000만 원, 월세 100만 원을 받는 것으로 정해 다른 사람에게 임대하게 되면서 별도로 다른 지역으로 이전해 보증금 5,000만 원, 월세 80만 원을 지급하는 조건으로 임차해서 거주하게 되었다. 이 경우, A씨가 종합소득세 신고 시 A씨 소유 아파트의 임대수입 1,200만 원(100만 원 x 12개월)에서 임차료 지급금액 960만 원(80만 원 x 12개월)을 차감해서 신고할 수 있을까?

A 차감할 수 없다. 비용 처리는 수입금액에 대응하는 비용에 대해 가능한 것으로, 임차주택에 대한 임차료가 부동산 임대소득의 총수입금액에 대응하는 비용은 아니기 때문에 차감할 수 없다.

11. 부동산 매매업을 하기 위해 철거하는 옛 건물의 장부금액과 철거비용은 비용 인정이 가능할까?

Q 부동산 임대업을 영위하고 있는 개인사업자 A씨는 주변 상권의 위축과 건물의 노후화 등으로 부동산 매매업 또는 건설업으로 업종을 변경하고자 한다. 이 경우, 부동산 임대에 사용되던 건물을 철거하고 건물을 신축해 부동산 매매업(또는 건설업)을 할 때, 옛날 임대용 건물의 남아 있는 장부금액과 철거비용을 부동산 매매업(또는 건설업)의 분양 수입에 대한 비용으로 인정 가능할까?

A 비용 인정 가능하다. 부동산 임대업을 하던 개인사업자 A씨가 부동산 매매업(또는 건설업)을 하기 위해 자기 소유의 토지에서 기존 임대용 건축물을 철거하고 새로운 건축물을 건축하는 경우, 그 부동산 매매업(또는 건설업)의 사업소득금액을 계산할 때 기존 임대용 건축물의 장부가액과 철거비용은 새로운 건축물에 대한 자본적 지출로 해서 새로운 건축물의 취득원가에 더한다. 따라서, 분양수입에 대응하는 건물의 매출원가로 비용 인정이 가능하다.

12. 임대업자가 지급한 임차인의 이사비용은 비용 처리가 가능할까?

Q 2016년 부동산 임대사업자 A씨는 임차인 B씨와의 임대차계약을 체결했으나 2021년 월세와 관리비 연체로 명도소송 후에 임대차계약을 해지했다. 2022년 임차인의 조기 퇴거를 위해 이사비용으로 1,000만 원을 지급했다. 이 경우, 임차인의 이사비용은 A씨의 부동산 임대소득 계산 시 비용 처리가 가능할까?

A 가능하지 않다. 이사비용은 단순히 임차인의 조기 퇴거를 위해 지급하는 비용으로서, 매출액에 대응하는 비용으로 볼 수 없고, 비용 인정 항목으로 열거되어 있지도 않기 때문에 비용 인정은 어렵다.

13. 주택임대업을 공동사업으로 하는 경우,
    분리과세 매출액 2,000만 원 이하는
    분리과세가 가능한데, 이 경우 2,000만 원은
    공동사업장 전체의 매출액인가? 공동사업자별
    각각의 매출액 기준인가?

Q A씨와 B씨는 공동으로 주택임대사업을 하고 있으며 주택임대사업장의 총매출액은 3,200만 원으로 2,000만 원을 초과하지만 A씨와 B씨 각각 구성원별로 분배하면 1,600만 원으로 2,000만 원 이하다. 이 경우, 주택임대업에서 발생하는 총매출액이 2,000만 원 이하인 자는 분리과세가 가능한데, 2,000만 원의 기준은 주택임대사업장 총매출액인 3,200만 원인가? 아니면 공동사업자별인 1,600만 원으로 판단하는가?

A 주택임대업 공동사업의 경우에는 공동사업자별 분배된 소득 금액에 대한 매출액을 기준으로 주택임대소득 분리과세 여부를 판단한다. 따라서, 분배한 매출액인 1,600만 원 기준으로 분리과세인지 여부를 판단한다.

제7장

양도소득세

01. 토지와 건물을 함께 양도할 때 양도금액을 구분해서 기재하지 않은 경우, 토지와 건물금액을 어떻게 계산할까?

Q 2022년 5월 9일, A씨는 상가건물과 해당 토지를 함께 양도하기 위해 매매계약을 체결했고, 2022년 8월 30일에 잔금을 수령했다. 계약 당시 토지와 건물의 양도금액을 구분해서 기재하지는 않았다.

일괄적으로 양도하는 토지와 건물의 자산별 양도금액을 구분해서 계산할 때 기준시가에 따라 안분하는 것으로 알고 있는데, 이 경우 기준시가의 산정 시점은 언제일까?

〈1안〉 양도계약 체결일

〈2안〉 양도일(잔금 지급일)

A 정답은 1안이다. 양도계약 체결일 현재의 기준시가에 따라 안분계산한다. 따라서 2022년 5월 9일 현재, 공시된 기준시가에 따라 양도금액을 토지와 건물의 기준시가 비율로 안분해 토지금액과 건물금액을 계산한다.

02. 거주자가 사업장의 형편 등 부득이한 사유로 원래 주소에서 일시적으로 퇴거한 경우에도 장기보유특별공제 공제액을 계산할 때 거주 기간에 포함할 수 있을까?

Q 2011년 대전에 위치한 A주택을 취득한 후 세대원 전부가 2년 이상 실거주했지만, 2014년 식당 운영을 위해 A씨(본인)는 식당 근처인 경기도 하남시의 원룸에 거주했다. 다만, 나머지 동일세대원인 자녀 2명은 A주택에 계속 거주하고 있는 상태이며, 2018년 A씨는 하남 소재의 B주택을 구입해 거주했다. 이후 일시적 2주택 비과세를 적용받기 위해 A주택을 매도하게 되었는데, 이 경우 1세대 1주택 장기보유특별공제액 가운데 거주 기간별 공제율을 적용할 때, A씨가 사업상의 이유로 거주하지 않고 동일 세대원이 거주한 기간을 거주 기간에 포함할 수 있을까?

A 포함할 수 있다. 거주 기간별 공제액 계산 시 A씨가 사업상의 형편 등 부득이한 사유로 본래 주소에서 일시적으로 퇴거한 경우에도 나머지 세대원이 해당 주택에 거주한 기간을 거주 기간에 포함할 수 있다.

03. 2021년 1월 1일 이후 취득하는 분양권부터는 주택수에 포함된다던데, 청약이 당첨되어 분양계약한 경우, 분양권의 취득 시기는 언제로 볼 수 있을까?

A 입주자 모집공고에 따른 청약이 당첨되어 분양계약한 경우, 분양권의 청약당첨일을 취득 시기로 본다. 분양계약일이 분양권의 취득 시기가 아닌 점에 유의하기를 바란다.

04. 주택 매매계약을 체결한 후에 임대차계약을 체결한 경우로서 주택 취득일 후에 임대 기간이 개시되더라도 임대인이 주택취득 전에 임차인과 작성한 임대차계약이 직전 임대차계약에 해당해 상생임대주택에 대한 거주주택 특례를 적용받을 수 있을까?

2020.6	2020.7	2020.9.18	2020.9.28	2022.9.28	2024.9
A주택 계약	임대차계약 (새 임차인)	A주택 취득	임대 개시	임대차계약 갱신	

Q 2020년 6월, A씨는 A주택을 취득하려고 B씨(A주택 거주 중)와 매매계약을 체결했고, 2020년 7월에 A씨(A주택 새주인)는 주택취득 전 임대차계약서를 작성했다. 해당 임대차계약서에는 A씨와 새 임차인인 C씨와의 A주택에 대한 임대 기간(2020.9.28~2022.9.27)까지의 계약이었다. 이후 A씨는 2020년 9월 18일에 A주택을 취득했고 9월 28일부터 임대를 시작했다. 이후 2022년 9월에 임대차계약을 2년간 갱신했다. 이 경우, A씨가 A주택 취득 전에 임대차계약을 체결해 취득 후에 임대를 개시하는 계약이 직전 임대차계약에 해당해 거주주택 2년 인정에 대한 특례를 적용받을 수 있을까?

A 적용받을 수 없다. 1세대가 주택을 취득한 후, 해당 주택에 대해 임차인과 체결한 직전 임대차계약의 범위에는 주택을 취득하기 전 매매계약을 체결한 부분은 포함하지 않는다.

05. 가로주택정비사업을 시행하는 정비사업조합의 조합원으로서 2022년 1월 1일 전에 취득한 입주자로 선정된 지위는 소득세법상 분양권에 해당할까?

A 분양권에 해당하지 않는다. 2022년 1월 1일 전에 가로주택정비사업을 시행하는 정비사업조합의 조합원이 사업시행계획인가로 인해 취득한 입주자로 선정된 지위는 부동산을 취득할 권리에는 해당되지만, 분양권에는 해당하지 않는다.

06. 세대의 구성원 중 일부가 취학상 형편으로 세대 전원이 모두 거주하지 않은 기간은 장기보유특별공제 거주 기간을 어떻게 계산할까?

Q 2020년 6월 30일 A씨는 A주택(서울 소재)을 취득해서 거주하다가, 2021년 10월 17일부터 자녀가 다니고 있던 '초·중등학교법' 외국인학교(인천 소재) 근처에 주택(인천 소재)을 임차해 세대 전원이 거주 중이다. 이때 A씨가 A주택을 양도하는 경우, 자녀의 취학상 형편으로 인해 세대 전원이 A주택에서 퇴거한 기간도 장기보유특별공제의 거주 기간에 포함될까?

A 포함하지 않는다. 장기보유특별공제율 적용 시 거주 기간별 공제율 계산 시 세대의 구성원 중 일부의 취학상 형편으로 세대 전원이 거주하지 않은 기간은 '거주 기간'에 해당하지 않는다.

07. 개인사업자가
토지·건물을 취득하는 데 발생한 차입금 이자를
양도소득세 비용 처리로 가능할까?

Q A씨는 제조업을 영위하는 개인사업자로 2011년 3월 A씨는 공장용지
인 토지 매수계약을 체결했고, 2013년 3월 공장용지 매수대금에 대
한 잔금을 지급하고 취득했다. 2013년 4월 A씨는 해당 부지에 공장건물에 대
한 착공을 시작해 2013년 8월 제조업의 사업용자산으로 사용했다. 이때 A씨
는 공장건물 건설을 위해 금전을 차입했고, 차입금에 대한 이자(건설자금이자)가
발생했다. 이후 2019년 8월 사업용자산인 공장용지와 건물을 매각했다. 이 경
우, 개인사업자가 사업용 자산으로 사용한 토지·건물을 취득하는 데 발생한 차
입금 이자가 양도소득세 비용 처리가 가능할까?

A 비용 처리가 되지 않는다. 해당 건설자금이자는 양도소득세
필요경비 규정에 열거된 항목이 아니기 때문에 양도소득세
비용 처리가 가능하지 않다.

08. 주택에 대한 매매계약을 체결하고, 그 매매특약에 따라 잔금청산 전에 주택을 상가로 용도변경한 경우, 1세대 1주택 비과세는 어떻게 적용할까?

A 원래 1세대 1주택 비과세, 장기보유특별공제, 다주택자에 대한 양도세 중과세율 적용에 있어서는 원칙적으로 주택의 양도일(즉, 잔금청산일) 기준으로 판단한다.

다만, 예외적으로 거래 당사자 간의 매매특약에 따라 잔금을 치르기 전에 해당 주택을 매수자가 주택 외의 용도로 사용할 것을 약정한 경우에는 매매계약일 현재를 기준으로 1세대 1주택 비과세, 장기보유특별공제, 다주택자에 대한 양도세 중과세율을 적용하도록 국세청에서 회신하고 있었다.

예를 들어, 2021년 6월에 상가주택을 하나 매매했는데 계약일인 2021년 6월에 주택 부분이 40%, 상가 부분이 60%였는데, 매도자와 매수자의 매매계약의 특례에 따라 계약 시점과 잔금 사이에 상가 100%로 용도변경을 하고 2021년 12월에 상가로 잔금을 치르고 소유권을 이전했다.

기존의 국세청 해석에 따르면, 1세대 1주택 비과세, 장기보유특별공제 적용, 다주택자 중과세율 적용 판정 시 계약일인 2021년 6월을 기준으로 판정했다. 계약 시점으로 보면 나는 상가만 있는 게 아니라 주택이 1채, 상가가 1채 이렇게 섞여 있는 것이다.

하지만 최근 다주택자에 대한 취득세 중과세율 때문에 매수자가 매매계약일 이후 잔금청산일 이전에 상가로 용도변경하는 경우가 많았다. 취득세는 취득 당시 내는 세금이기 때문에 취득세 측면에서는 상가 부분에 대한 취득세율을 적용하지만, 양도세는 기존 유권해석에 따라 계약 시점을 따라야 했기 때문에 취득세와 양도세가 서로 일치하지 않아 납세자의 혼란이 있었다.

따라서, 최근 기획재정부는 기존의 유권해석을 변경해 원칙대로 양도일(즉, 잔금청산일) 현재를 기준으로 판단하도록 회신했고, 그 적용 시점은 2022년 10월 21일 이후 매매계약을 체결하는 분부터 적용하도록 했다. 이에, 주택에 대한 매매계약을 체결하고, 그 매매특약에 따라 잔금청산 전에 주택을 상가로 용도변경한 경우, 2022년 10월 21일 이후 매매계약 체결분부터 양도일(잔금청산일) 현재 현황에 따라 양도물건을 판정해 1세대 1주택 비과세, 장기보유특별공제, 다주택자 중과세율을 적용한다고 생각하면 된다.

09. 매매특약에 따라 잔금청산 전에 주택을 멸실한 경우, 1세대 1주택 비과세는 어떻게 적용할까?

A 앞에서 '주택의 용도변경'에 따른 1세대 1주택 비과세, 장기보유특별공제, 다주택자 중과세율 적용에 대한 유권해석의 변경에 대해 다루었지만, '주택의 멸실'의 경우는 확장해서 해석하지 않았다. 이후 기획재정부에서는 주택에 대한 매매계약을 체결하고, 그 매매특약에 따라 잔금청산 전에 멸실한 경우 1세대1주택 비과세, 장기보유특별공제(표1, 표2) 및 다주택자 중과세율 적용 여부 등 판정 시 양도 물건의 판정 기준일을 양도일(잔금청산일)로 하도록 했으며, 2022년 12월 20일 이후 매매계약을 체결한 분부터 적용하도록 했다. 주택의 용도변경과 멸실의 경우, 주택 판단 시점이 각각 다르므로 그 적용 시점을 잘 숙지할 필요가 있다.

표1

보유기간	공제율
3년 이상~4년 미만	6%
4년 이상~5년 미만	8%
5년 이상~6년 미만	10%
6년 이상~7년 미만	12%
7년 이상~8년 미만	14%
8년 이상~9년 미만	16%
9년 이상~10년 미만	18%
10년 이상~11년 미만	20%
11년 이상~12년 미만	22%
12년 이상~13년 미만	24%
13년 이상~14년 미만	26%
14년 이상~15년 미만	28%
15년 이상	30%

표2

보유 기간	공제율	거주 기간	공제율
3년 이상~4년 미만	12%	2년 이상~3년 미만 (보유 기간 3년 이상에 한정함)	8%
		3년 이상~4년 미만	12%
4년 이상~5년 미만	16%	4년 이상~5년 미만	16%
5년 이상~6년 미만	20%	5년 이상~6년 미만	20%
6년 이상~7년 미만	24%	6년 이상~7년 미만	24%
7년 이상~8년 미만	28%	7년 이상~8년 미만	28%
8년 이상~9년 미만	32%	8년 이상~9년 미만	32%
9년 이상~10년 미만	36%	9년 이상~10년 미만	36%
10년 이상	40%	10년 이상	40%

10. 일시적 2주택을 적용받을 때 신규주택을 취득한 날부터 3년 이내에 기존주택을 팔면 비과세를 적용받을 수 있는데 이때 '3년 이내'는 언제까지일까?

Q A씨는 2012년 6월 21일 부산(비조정대상지역)에 있는 아파트 A(기존주택)를 취득하고, 2016년 10월 31일 부산에 있는 아파트 B(신규주택)를 취득했다. A씨는 2019년 9월 2일 아파트 A에 대한 매매계약서를 작성하고, 잔금일은 2019년 10월 31로 했다. 양도일은 잔금일인 2019년 10월 31일을 전제한다고 할 때 신규주택 취득일인 2016년 10월 31일로부터 3년 이내는 2019년 10월 31일까지일까? 아니면 2019년 10월 30일까지일까?

A 2019년 10월 31일까지다. 일시적 2주택을 적용함에 있어 신규주택을 취득한 날부터 3년 이내에 기존주택을 팔았을 때 양도세 비과세는 신규주택을 취득한 날과 동일하게 3년이 되는 날을 의미한다. 따라서, 2016년 10월 31일에 취득하고, 2019년 10월 31일에 양도했다면 이는 3년 이내로 보아 비과세 혜택을 적용받을 수 있다.

11. 무주택자인 남편과 아내가 따로 사는 아버지로부터 각각 1주택씩 상속받아 2주택이 되어 상속받은 주택을 양도하는 경우, 비과세 특례를 적용받을 수 있을까?

Q 2016년 1월 A씨는 별도 세대인 아버지로부터 A주택(파주 소재)을 상속받고, 2017년 1월 B씨(A씨의 아내)는 별도 세대인 장인어른으로부터 B주택(서울 소재) 상속받았다. 2018년 1월 A씨는 상속받은 A주택을 양도했다.

이때, A씨가 상속받은 A주택은 상속주택 비과세 특례를 적용받을 수 있을까?

A 상속주택 비과세 특례가 가능하다.

상속주택 비과세는 상속받은 주택과 상속 이외의 주택을 국내에 각각 1개씩 소유하고 있는 1세대가 상속 이외의 주택을 양도하는 경우에는 국내에 1개의 주택을 소유하고 있는 것으로 보아 양도세 비과세 혜택을 준다.

상속인이 주택이 없는 상태에서 별도 세대인 다른 피상속인들로부터 상속주택을 각각 1주택씩 상속받아 2주택을 소유하고 있는 경우로서, 그 상속받은 2주택 중 1주택을 파는 경우 파는 주택을 상속 이외의 주택으로 보아 1세대 1주택 요건을 만족시키면 양도세 비과세 혜택을 준다.

12. 매수자가 양도소득세를 대신 부담한 경우, 양도소득세 계산은 어떻게 할까?

Q A씨는 2021년 1월 A주택을 취득했고, 이후 A씨는 2022년 5월 매수자가 양도소득세를 대신 부담하는 조건으로 A주택에 대한 매매계약을 체결하고 2022년 10월 양도했다. A주택 양도 시 양도세를 매수자가 대신 부담하기로 한 조건이라면 A씨의 양도소득세는 어떻게 계산할까?

A 양도소득세를 매수자가 부담하기로 약정하고 이를 실제 지급했을 경우, 매수자가 부담한 양도소득세는 양도가액에 포함한다. 따라서, A씨는 양도소득세가 포함된 금액을 양도가액으로 해서 양도소득세를 계산한다.

13. 벽지, 장판, 싱크대 교체비용을
양도세 계산할 때 비용 인정이 가능한가?

A 비용 인정이 어렵다.
우리가 부동산을 양도할 때 자본적 지출이라고 해서 해당 부동산의 가치를 증가시키기 위해 지출한 비용은 양도세를 계산할 때 비용 인정이 가능하다. 가치 상승에 대한 원인을 제공한 비용들을 부동산 취득가격에 반영시키겠다는 것이다. 이러한 자본적 지출은 아파트 베란다 새시비, 건물의 난방시설을 교체한 공사비, 방 확장 등의 내부 시설 개량공사비 또는 보일러 교체비용, 자바라 및 방범창 설치비용, 발코니 새시 설치대금, 인테리어비용 등이 해당된다.

다만, 수익적 지출이라고 해서 부동산의 가치 증가보다는 본래의 기능을 유지하기 위한 수리적인 비용이라고 하면 비용 인정을 해주지 않는다. 이러한 수익적 지출에는 벽지, 장판 교체비용, 싱크대나 주방기구 교체비용, 외벽 도색 작업, 문짝이나 조명 교체비용, 보일러 수리비용, 옥상 방수공사비, 하수도관 교체비, 오수정화조 설비 교체비, 타일 및 변기 공사비, 파손된 유리 또는 기와의 대체, 재해를 입은 자산의 외장 복구 및 도장, 유리의 삽입, 화장실 공사비, 마루 공사비 등이 있다.

14. 2017년 8월 2일 이전에 취득한 조정대상지역 내 주택이 재건축되어 2017년 8월 3일 이후 준공한 경우, 거주요건을 적용할까?

Q A씨는 2017년 5월 8일 서울 동대문구 이문동에 있는 A주택을 취득했고, 해당 주택은 재건축해 2019년 10월 13일 A′주택으로 취득했다. 2017년 8월 2일 이전에 취득한 조정대상지역 내 주택의 경우 거주요건 2년을 만족하지 않아 1세대 1주택 비과세를 적용받을 수 있는데, 2017년 8월 2일 이전에 주택을 취득했지만 2017년 8월 3일 이후 재건축으로 신규주택을 준공해 취득한 경우, 거주요건이 적용될까?

A 거주요건이 적용되지 않는다. 우리가 재건축으로 취득하는 주택의 경우에는 기존 주택의 연장으로 보고 있어, 기존주택은 2017년 8월 2일 이전에 취득한 주택이기 때문에 재건축 주택에 2년 거주하지 않고 양도해도 1세대 1주택 비과세를 적용받을 수 있다.

15. 주택 분양권 및 조합원 입주권이 있는 상태에서 2017년 8월 2일 이전에 취득한 조정대상지역 내 주택 분양권이 완공되어 해당 주택을 파는 경우, 2년 거주요건을 만족해야 1세대 1주택 비과세를 적용받을까?

Q A씨는 2015년 5월에 서울 성동구에 있는 A주택 분양권을 취득했고, 2015년 11월 서울 성동구에 있는 B주택 분양권에 대한 매매계약을 체결하고 계약금을 지급했다. 이는 A씨는 A주택 분양권을 보유하고 있다가 2017년 8월 2일 이전에 B주택 분양권을 취득한 경우로서 해당 분양권이 완공되어 B′주택을 팔 때, 2년 거주요건을 만족해야 1세대 1주택 비과세를 적용받을까?

A 거주요건은 필요 없다.

2017년 8월 3일 이후 취득하는 주택의 경우, 거주요건 2년이 필요하다. 다만, 2017년 8월 2일 이전에 매매계약을 체결하고 계약금을 지급한 사실이 증빙서류에 의해 확인되는 주택이라면, 거주요건은 필요 없다. 이 경우, 해당 주택의 거주자가 속한 1세대가 계약금 지급일 현재, 주택을 보유하고 있지 않아야 한다. A씨의 경우 주택 분양권(또는 조합원 입주권)을 보유한 것이고, 주택을 보유하고 있지 않기 때문에 거주요건은 필요 없다. 주택 분양권 또는 조합원 입주권은 주택을 취득할 수 있는 권리이지, 주택이 아닌 점에 유의하도록 하자.

16. 같은 집에서 사는 아버지로부터 상속받은 주택을 양도하는 경우, 보유 기간 및 거주 기간은 어떻게 계산할까?

Q 2016년 1월에 A씨의 아버지는 서울(취득 당시 조정대상지역)에 있는 A주택을 취득했다. 주택을 취득한 시점부터 A씨와 A씨의 아버지는 같은 주소지에서 함께 생활하다가 아버지가 20021년 7월에 돌아가셔서 A주택을 상속받았다. A씨는2022년 12월 상속받은 A주택을 양도했다. 이 경우, A주택의 거주 기간과 보유 기간을 계산할 때 주택을 상속받은 기간부터 2년 거주 기간과 보유 기간을 판단할까? 아니면 아버지와 같이 산 기간 동안의 거주 기간과 보유 기간을 합쳐서 계산할까?

A 별도 세대로부터 상속받은 주택을 양도하는 경우, 상속이 개시된 날부터 2년 이상 보유&거주(취득 당시 조정대상지역)해야 1세대 1주택 비과세가 가능하다. 다만, 동일세대로부터 상속받은 주택의 경우, 상속인과 피상속인이 동일세대로서 주택을 보유한 기간과 거주한 기간은 상속개시 이후 상속인이 보유한 기간을 합쳐서 계산할 수 있다. 따라서, A씨는 아버지와 같이 보유하고 거주한 기간이 2년 이상이므로 1세대 1주택 비과세가 가능하다.

17. 세대구분형 아파트 일부를 임대하고 다른 일부에서 거주한 경우, 전체에 대해서 2년 거주한 것으로 보아 1세대 1주택 비과세가 가능할까?

Q A씨는 2019년 12월 서울(조정대상지역)에 있는 세대구분형(중대형 평수의 아파트에서 방을 나누어 소형아파트 2채로 활용하며, 화장실·주방·현관문까지 따로 분리되어 있는 독립된 공간이 한 평면도상에 있는 아파트. 단, 구분소유할 수 없음) A아파트를 취득해 일부는 A씨가 거주하고 일부는 B씨에게 임대했다. 이후 A씨는 2022년 12월에 A아파트를 양도했다. 취득 당시 조정대상지역에 위치한 주택(2017년 8월 3일 이후 취득하는 주택부터 해당)은 2년 이상 거주해야 1세대 1주택으로 비과세가 가능한데, A씨의 경우 세대구분형 아파트 일부를 임대하더라도 거주한 것으로 보아 세대구분형 A아파트 전체를 양도하더라도 거주한 것으로 볼 수 있을까?

A 세대구분형 아파트의 경우, 그 일부를 임대하더라도 임대 부분에 대해서는 거주하지 않아도 세대구분형 아파트 전체에 대해 1세대 1주택 비과세 적용이 가능하다.

18. 양도 전에 세대분리 하면
별도 세대로 인정받을 수 있을까?

A 세무 상담을 하다 보면 같은 주소지에 전입되어 있는 가족이 각각 주택을 보유하고 있는데, 양도 전에 세대분리를 통해 1세대 1주택 비과세를 적용받는 경우를 심심치 않게 볼 수 있다. 세법은 형식이 아니라 실질을 중요시하기 때문에, 형식적으로 주민등록상 주소가 다르더라도 실제 생계를 같이한다고 판단되면 같은 세대로 판단한다. 따라서, 주택을 양도하기 전에 주민등록상 주소를 다르게 하고 있었더라도 양도일 현재 사실상 생계를 같이하는 세대구성원이라면 동일 세대로 보아 1세대 1주택 비과세 여부를 판단한다.

19. 같은 주소지에 전입되어 있는 가족이더라도 별도 세대로 인정받을 수 있을까?

A 많은 분들이 오해하고 있는 부분 중 하나가 같은 주소지에 전입되어 있는 가족끼리는 무조건 주택수를 합해서 양도세를 계산해야 하지 않냐는 것이다. 예를 들어, 같은 주소지에 아버지와 아들이 같이 살고 있는데 아버지 명의로 주택 1채, 아들 명의로 주택 1채를 보유하고 있는 경우, 아버지 명의 주택을 팔 때 아버지와 아들의 주택을 합친 2주택으로 보아 양도세를 계산한다는 것이다. 하지만 반드시 그렇게 계산하는 것은 아니다. 세법에서는 '1세대'라는 개념을 통해 1세대가 보유하고 있는 주택은 합해서 계산하도록 하고 있는데, 1세대란 같은 주소에서 생계를 같이하는 자와 함께 구성하는 가족 단위를 말한다. 이 말은, 같은 주소에 같이 사는 가족이더라도 생계를 같이하지 않는다면 별도 세대로 인정받을 수 있다는 것이다. 그렇다면 어떻게 별도 세대로 인정받을 수 있을까? 우선 각자 별도의 소득(근로소득, 연금소득, 사업소득 등)이 일정하게 꾸준히 있어야 한다. 또한, 보험료, 교통비, 통신비 등의 지출 내역을 본인이 스스로 충당할 수 있어야 할 것이다. 더불어 생활비를 집 명의자에게 이체하는 방식으로 생활비를 정산하는 것도 별도 세대임을 주장하는 근거 중 하나일 것이다.

20. 조합원 입주권 2개를 순차적으로 취득해 완공된 후 일시적 2주택 적용이 가능할까?

2014.5.14	2016.2.19.	2018.12.2	2021.12.20	2022.11.
A입주권 승계 취득	B입주권 승계 취득	A주택 취득(완공) 거주 중	B주택 취득(완공) 입주 예정	A주택 양도 예정

Q 2014년 5월 14일 A씨는 A조합원 입주권(조정대상지역 아님)을 승계 취득했고, 2016년 2월 19일에 B조합원 입주권(조정대상지역 아님)을 승계 취득했다. 이후, 2018년 12월 2일에 A주택이 완성되어 입주해서 거주하고 있다. 이후 2021년 12월 20일 B주택이 완성되었고, 2022년 11월 A주택을 양도했다. 이 경우, 조합원 입주권이 주택으로 완성된 B주택(신규주택)을 취득한 날로부터 A주택을 3년 이내에 팔면 일시적 2주택으로 비과세를 적용받을 수 있을까?

A 적용받을 수 없다. 우리가 종전주택을 취득한 날부터 1년이 지난 후에 신규주택을 취득하고 3년 이내에 종전주택을 팔면 비과세를 적용받을 수 있는 것은 주택이 있는 상태에서 주택을 취득했을 때의 이야기다. 조합원 입주권을 취득해 비과세를 적용받으려면 해당 규정으로 적용받을 수 없으며, 조합원 입주권에 대한 일시적 2주택 규정을 적용받아야 한다.

구체적으로는 다음의 내용으로 비과세를 적용받을 수 있다.

① 주택을 보유하고 있다가 조합원 입주권을 취득함으로써 일시적으로 1주택과 1조합원 입주권을 소유하게 된 경우, 종전주택을 취득한 날부터 1년이 지난 후에 조합원 입주권을 취득하고, 그 조합원 입주권을 취득한 날부터 3년 이내(부득이한 경우 3년 초과 가능) 종전주택을 양도하는 경우

② 주택을 보유하고 있다가 조합원 입주권을 취득함으로써 일시적으로 1주택과 1조합원 입주권을 소유하게 된 경우, 종전주택을 취득한 날부터 1년이 지난 후에 조합원 입주권을 취득하고 그 조합원 입주권을 취득한 날부터 3년이 지나 종전주택을 양도하는 경우로서 다음의 요건을 모두 갖춘 경우

㉠ 재개발사업·재건축사업 또는 소규모재건축사업 등의 관리처분계획 등에 따라 취득하는 주택이 완성된 후 3년 이내에 그 주택으로 세대 전원이 이사(취학, 근무상의 형편, 질병의 요양 그 밖의 부득이한 사유로 세대의 구성원 중 일부가 이사하지 못하는 경우를 포함)해 1년 이상 계속해서 거주할 것
㉡ 재개발사업·재건축사업 또는 소규모재건축사업 등의 관리처분계획 등에 따라 취득하는 주택이 완성되기 전 또는 완성된 후 3년 이내에 종전의 주택을 양도할 것

③ 보유하고 있는 주택이 재개발사업, 재건축사업 또는 소규모재건축사업으로 해당 사업의 시행기간 동안 거주하기 위해서 다른 주택

('대체주택')을 취득한 경우로서 다음의 요건을 모두 갖추어 대체주택을
양도하는 경우

ㄱ 재개발사업·재건축사업 또는 소규모재건축사업 등의 사업시
  행인가일 이후 대체주택을 취득해 1년 이상 거주할 것
ㄴ 재개발사업·재건축사업 또는 소규모재건축사업 등의 관리처
  분계획 등에 따라 취득하는 주택이 완성된 후 3년 이내에 그
  주택으로 세대 전원이 이사(취학, 근무상의 형편, 질병의 요양, 그 밖에 부득
  이한 사유로 세대원 중 일부가 이사하지 못하는 경우를 포함)해 1년 이상 계속
  하여 거주할 것. 다만, 주택이 완성된 후 3년 이내에 취학 또는
  근무상의 형편으로 1년 이상 계속해서 국외에 거주할 필요가
  있어 세대 전원이 출국하는 경우에는 출국 사유가 해소(출국한 후
  3년 이내에 해소되는 경우만 해당)되어 입국한 후 1년 이상 계속해서 거
  주해야 함.
ㄷ 재개발사업·재건축사업 또는 소규모재건축사업 등의 관리처
  분계획 등에 따라 취득하는 주택이 완성되기 전 또는 완성된
  후 3년 이내에 대체주택을 양도할 것

21. 오피스텔은 건축법상 일반업무시설인데 실제 주거용으로 사용하고 있다면, 주택수에 포함시켜야 할까?

A 포함시켜야 한다. 세법은 형식이 아닌 실질로 판단하고 있기 때문에 오피스텔이 비록 건축물대장상 주택은 아니지만, 실제 거주목적으로 사용하고 있다면 건축물대장상의 용도와 관계없이 주택으로 판단해야 한다. 만약 오피스텔을 부가가치세 과세사업자로 해서 사업자등록을 하고 부가가치세 신고를 한 사실이 있거나, 오피스텔의 임대차계약서 특약사항에 '해당 오피스텔은 업무용으로 전입신고는 불가하다'라는 내용을 넣었거나, 구청에서 재산세를 주택이 아닌 건축물로 보아 재산세를 부과하더라도 실제 주거용으로 사용했다면, 법원과 조세심판원에서 주택으로 판단한 사례가 있으니 주의하기를 바란다.

22. 원조합원 입주권자인데
조합원 입주권을 양도하는 경우,
장기보유특별공제를 적용받을 수 있을까?

Q A씨는 2015년 5월, A주택을 취득했고 이후 재개발 사업으로 A주택이 2020년 10월, 관리처분계획인가를 받았다. A씨는 2021년 5월, A조합원 입주권을 양도했다. 이 경우 조합원 입주권 양도 시에도 장기보유특별공제가 적용될까?

A 적용된다.

재개발·재건축사업 조합원의 경우, 종전 부동산 취득일부터 관리처분계획인가일까지의 기간이 3년 이상인 경우, 장기보유특별공제가 가능하다. 다만, 원조합원만 가능하고 승계조합원(조합원으로부터 입주권을 취득한 것)은 장기보유특별공제를 적용받지 못한다. A씨는 원조합원으로서 주택취득일로부터 관리처분계획인가일이 3년 이상이므로 장기보유특별공제가 가능하다.

23. 주택이 있는 상태에서 2021년 1월 1일 이후 취득한 오피스텔 분양권에 대해 분양권 일시적 2주택 비과세를 적용받을 수 있을까?

Q A씨는 2015년 11월 A주택을 유상취득했고, 2021년 10월 B오피스텔 분양권을 취득했고, 이후 2022년 11월에 A주택을 양도했다. 2021년 1월 1일 이후 취득한 분양권부터는 주택을 취득한 날로부터 1년이 지난 후에 분양권을 취득하고 그 분양을 취득한 날부터 3년 이내(예외적인 경우 3년 초과 가능)에 종전주택을 양도하면 비과세를 적용받을 수 있는데, 2021년 1월 1일 이후 취득한 오피스텔 분양권도 여기에 해당해 A주택에 대해 비과세를 적용받을 수 있을까?

A 오피스텔 분양권은 주택 분양권에 해당하지 않아 주택수에 포함되지 않는다. 따라서 A씨는 A주택 1채를 보유하고 있는 상태로 A주택을 2년이상 보유했으므로 1세대 1주택 비과세가 가능하다.

24. 법인이 토지 분양권을 양도하는 경우, 토지의 공급으로 보아 계산서를 발급하지 않아도 될까?

Q A법인은 부동산 투자 및 개발업, 부동산 분양 대행업 등을 사업목적으로 설립된 법인으로 2022년에 B도시공사로부터 경제자유구역 내 상업시설용지를 분양대금 47억 원에 분양받고 계약금 및 중도금 합계 33억 원을 납부한 후, 2022년에 A법인의 대표이사에게 해당 토지 분양권을 33억 원에 양도하고 계산서를 작성·발급하지 않았다. 법인이 대표이사에게 양도한 토지 분양권의 경우, 토지의 공급으로 보아 계산서를 발급하지 않아도 될까?

A 계산서 발급을 하지 않아도 된다.

법인이 계약금과 중도금을 지급한 상태에서 토지를 취득할 수 있는 권리를 양도한 경우, 계산서의 작성·발급 의무가 없다. 따라서, 계산서 미발행에 대한 가산세를 걱정하지 않아도 된다.

25. 오피스텔 분양계약을 조정대상지역 공고 이전에 했으나, 해당 오피스텔이 조정대상지역 공고 이후에 완공되어 주거용으로 사용할 경우, 2년 거주요건을 만족해야 1세대 1주택 비과세를 적용받을 수 있을까?

Q 무주택자인 A씨는 2018년 2월 A오피스텔(비조정대상지역)을 분양계약했다. 이후 2019년 3월 A오피스텔은 조정대상지역으로 지정되었고, 2020년 2월 A오피스텔이 완공되어 주거용으로 사용하고 있다. 이 경우 A씨는 A오피스텔에 대해 1세대 1주택 비과세를 적용받으려면 거주요건을 만족해야 할까?

A 만족해야 한다. 다만, 2022년 10월 19일 이후 양도하는 경우부터 비과세 거주요건을 적용한다.

소득세법 시행령 제154조 제1항 제5호에 따르면, 거주자가 조정대상지역의 공고가 있은 날 이전에 매매계약을 체결하고 계약금을 지급한 사실이 증빙서류에 의해 확인되는 경우로서, 해당 거주자가 속한 1세대가 계약금 지급일 현재, 무주택자라면 거주요건은 필요 없다. 이 경우 분양권·입주권도 여기에 해당한다면, 거주요건은 필요 없게 되는데 과연 오피스텔 분양권도 여기에 해당하는지가 관건이다. 최근 오피스텔 분양권은 위의 규정을 적용받지 않는다고 기획재정부에서 새로운 유권해석이 발표되었다. 오피스텔 분양권은 그 분양권이 주택 분양권과는 다르게 완공 전에는 오피스텔을 상가로 사용할지, 주거용으로 사용할지 그 용도가 불분명하기 때문이다.

따라서, 오피스텔 분양권을 취득할 때 조정대상지역인지 여부가 중요한 것이 아니라 조정대상지역 공고 이후에 완공되어 주거용으로 사용할 때 거주요건을 따지겠다는 것이다. 앞서 이야기한 대로 해당 내용은 2022년 10월 19일 이후 양도하는 분부터 비과세 거주요건을 적용하고 있다. 2022년 10월 19일 이후 오피스텔 분양권을 취득하는 분부터가 아니라 오피스텔을 양도하는 분부터이므로 주의가 필요하다.

26. 주택을 다른 사람과 교환하더라도
1세대 1주택 비과세가 가능할까?

Q A씨는 2003년 1월 A아파트를 취득했고 이후 2005년 2월 다른 사람이 소유한 B아파트와 교환할 예정이다. 이 경우, A씨는 교환하는 아파트 A에 대해 1세대 1주택 비과세를 적용받을 수 있을까?

A 적용받을 수 있다.

부동산을 서로 교환하는 것도 유상양도에 해당해 교환하는 부동산이 교환약정일(교환약정일이 불분명하면 교환등기접수일) 현재, 소득세법에 따른 1세대 1주택 요건을 갖춘 경우에 양도소득세가 비과세된다. 부동산을 교환하는 경우, 해당 부동산의 양도가액은 교환계약서에 표시된 실지거래가액을 따르게 된다. 만약 실지거래가액으로 인정될 수 없는 경우 매매사례가액, 감정가액, 환산가액 또는 기준시가 순으로 적용받게 된다.

27. 법인전환을 통해 양도소득세 이월과세를 적용받은 다음, 건물 철거 후 신축해 사업을 계속하는 경우, 이월받은 양도소득세를 내야 할까?

Q 2016년 12월 개인사업자 A씨는 부동산 임대업으로 운영 중이던 A상가의 사업용 고정자산을 현물출자 방법에 의해 법인으로 전환하는 현물출자계약서를 작성했다. 이후 2017년 1월 C법인을 설립해 법인전환에 따른 이월과세 적용을 신청했다. 2018년 8월 건물의 노후화로 공실이 많이 발생해 A사업장 건물을 철거하고 신축 후 부동산 임대사업으로 계속 운영 예정인데, 이 경우 이월과세의 사후관리규정에 해당해 이월받은 양도소득세를 내야할까?

A 내지 않아도 된다.

법인전환을 통한 양도소득세 이월과세란, 개인이 소유하고 있는 부동산을 법인에게 넘길 때 양도소득세를 내야 하는데 거액의 부동산에 대한 양도소득세를 내는 것이 부담스럽기 때문에 일정 요건을 갖추면, 양도소득세를 법인전환 시 내야 하는 게 아니라 법인이 해당 부동산을 팔 때 내도록 하는 제도다.

이때, 법인 설립등기일로부터 5년 이내에 개인사업자로부터 승계받은 부동산 임대업을 폐지하는 경우나 개인사업자가 법인전환으로 취득한 주식을 50% 이상 처분하는 경우에는 양도소득세가 이월되지 않고, 해당 사유가 발생한 날이 속하는 달의 말일부터 2개월 이내에 양도소득세를 납부하도록 하는 사후관리규정이 있다.

앞선 사례에서 이월과세를 적용받은 이후에 건물을 철거해 신축한 경우, 사후관리규정에 해당하는지가 관건인데, 철거 후 신축해서 해당 임대업을 계속 영위하고 있다면 사업을 폐지하는 경우에 해당되지 않아 이월과세를 적용받을 수 있다.

28. 토지 및 건물의 소유자가 다른 경우로서 건물 임대사업자가 건물을 현물출자해서 법인으로 전환하는 경우, 양도소득세 이월과세를 적용받을 수 있을까?

Q A씨는 토지를 소유하고 있고, A씨의 아버지인 B씨는 건물을 소유하고 있으며, B씨는 부동산 임대업을 등록해 상가임대업을 운영 중이다. 토지소유주와 건물소유주가 다른 상태에서 B씨는 건물만 현물출자해 법인전환할 예정인데, 양도소득세 이월과세를 적용받을 수 있을까?

A 적용받을 수 있다. 건물만 소유하더라도 사업용 고정자산인 건물을 현물출자해 법인전환하는 경우라면 법인전환에 따른 양도소득세 이월과세를 적용받을 수 있다.

29. 2020년 12월 31일 이전 취득한 A분양권을 보유한 1세대가 2021년 1월 1일 이후 B분양권을 취득한 경우로서 A분양권이 먼저 주택으로 완공된 이후 해당 주택을 양도하는 경우, 일시적 2주택 비과세를 적용받을 수 있을까?

2018.10.	2021.1.1	2021.12.	2022.1.	2024.5.	예정
A아파트 분양권 취득		B아파트 분양권 취득	A아파트 취득	B아파트 취득	A아파트 양도

Q A씨는 2018년 10월 A아파트 청약 당첨으로 분양권을 취득했고, 2021년 12월 B아파트 청약 당첨으로 분양권을 취득했다. 2022년 1월 A아파트가 완공되어 잔금청산 후 취득했고, 2024년 5월 B아파트가 완공되어 잔금청산 후 취득 예정이다. 이후 A아파트를 양도할 생각이다. 이 경우, A아파트를 취득 후 B아파트를 취득한 다음에 3년 이내에 A아파트를 팔면 비과세를 적용받을 수 있을까?

A 적용받을 수 없다. 2021년 1월 1일 이후 취득하는 B분양권의 경우 주택수에 포함해 양도소득세 비과세를 적용받으려면 주택 + 분양권에 대한 일시적 2주택 비과세 특례를 적용받을 수 있지만, 주택 + 주택에 대한 일시적 2주택 비과세 규정을 적용받을 수는 없다. 분양권 일시적 2주택 규정은 주택이 있는 상태에서 분양권을 취득하고, 그 분양권을 취득한 날부터 3년 이내(일정 요건의 경우 3년 초과도 가능)에 주택을 팔아야 주택에 대한 비과세를 적용받을 수 있다. 다만, 위의 사실관계에 따르면 분양권을 취득한 이후 주택을 취득했으므로 분양권 일시적 2주택을 적용받을 수도 없다.

30. 상생임대계약을 하는 경우,
   세금적으로 어떤 혜택이 있을까?

A 상생임대계약에 따른 혜택은 다음과 같다.

① 취득 당시 조정대상지역이라면 2년 이상 거주요건을 만족해야 1세대 1주택 양도세 비과세를 적용받을 수 있는데 2년 거주요건 면제

② 장기임대주택 보유 시 거주주택 비과세를 적용받으려면 거주주택에 대해 2년 거주요건이 필요한데 2년 거주요건 면제

③ 1세대 1주택의 장기보유특별공제율(181페이지 표2 참조)를 적용받으려면 거주 기간 2년의 요건이 필요하나 2년 거주요건 면제

다만, 이러한 혜택을 누리기 위해서는 아래의 ㉠과 ㉡의 요건을 모두 만족해야 한다.

㉠ 주택을 취득한 후 해당 주택에 대해 임차인과 체결한 직전 임대차계약 대비 임대보증금(또는 임대료)의 증가율이 5% 이내의 임대차계약을 2021년 12월 20일부터 2024년 12월 31일까지의 기간 중에 체결하고 상생임대차계약에 따라 임대한 기간이 2년 이상일 것

㉡ 직전 임대차계약에 따라 임대한 기간이 1년 6개월 이상 유지

31. 상생임대계약을 적용하려는 경우, 직전임대차계약과 상생임대차계약의 임차인이 같아야 할까?

A 아니다. 직전임대차계약과 상생임대차계약의 임대인은 동일해야 하나 임차인은 달라도 상관없다. 따라서, 임차인이 변경되더라도 직전임대차계약 대비 임대료 5% 이내의 인상 요건을 만족하면 상생임대주택에 대한 세금혜택을 누릴 수 있다. 이는 임대료 5% 이하의 인상을 준수해 임대차 시장에 상대적으로 저렴한 임대주택 공급을 유도하는 취지로 임차인이 동일한지 여부는 관계없다.

32. 양도 당시 농지가 아니더라도
자경농지에 대한 양도세 감면이 가능할까?

Q 1990년 2월 1일 A씨는 농지를 취득했고, 2021년 1월 3일에 8년 이상 재촌, 자경한 농지를 대지로 용도변경했다. 2022년 3월 5일 A씨는 대지를 양도했다.

이 경우 8년 이상 농지에 재촌, 자경하면 양도소득세 감면이 가능하다고 하는데 A씨는 양도세 감면을 받을 수 없을까?

A 양도세 감면을 받을 수 없다. A씨가 8년 이상 농지소재지에 거주하면서 직접 경작한 농지를 양도일 현재 농지인 상태로 양도하는 경우에는 자경농지에 대한 감면을 적용받을 수 있으나, 양도일 현재 대지로 용도변경했기 때문에 비록 20년 이상 농지로서 농사를 지었지만, 감면을 적용받을 수 없다.

33. 재개발사업에 따라 토지를 양도하는 경우, 양도소득세 감면을 적용받을 수 있을까?

Q A씨는 2010년 10월에 A토지를 취득했고, A토지 지역은 2018년 10월 재개발사업으로 인정고시되었다. 이후 A씨는 2022년 12월 A토지를 재개발사업 시행자에게 양도했다. 이 경우 A씨가 재개발사업에 따라 양도한 A토지는 양도소득세 감면을 적용받을 수 있을까?

A 재개발사업의 '사업인정고시일'로부터 소급해서 2년 이전에 취득한 토지를 재개발사업에 따른 사업시행자에게 양도하는 경우에는 공익사업용 토지로 보아 양도소득세 감면을 적용받을 수 있다. 따라서, A씨가 A토지를 양도할 때 공익사업용 토지 등에 대한 양도소득세 감면을 적용받을 수 있다. 이 경우 양도소득세 감면율은 현금 10%, 채권 15%, 만기보상채권 30%(3년 이상), 40%(5년 이상)로 적용받는다.

제8장

부가가치세법

01. 사업자가 오피스텔을 상시주거용으로 임대하다가 양도하는 경우, 부가가치세가 면제될까?

Q A씨는 주택신축판매업을 영위하는 사업자로, 7월 건물준공을 앞둔 기존 건축주로부터 토지, 건물을 일괄양수받고, 나머지 공사를 해서 완공 후 사용승인을 받았다. 그리고 준공 후 주거용 오피스텔(전용면적 85㎡ 이하) 전체 세대 중 일부 세대에 대해 상시주거용으로 임대(주거용 오피스텔 임대에 대해 면세매출(상시주거용)로 부가세 신고)하다가 1개 호실을 개인에게 양도하기로 했다. 이 경우 사업자가 오피스텔을 상시주거용으로 임대하다가 양도하는 경우, 부가가치세가 과세될까?

A 부가가치세가 면제된다. 주된 사업에 부수되는 주된 사업과 관련해서 우연히 또는 일시적으로 공급되는 재화 또는 용역은 별도의 공급으로 보되, 과세 및 면세 여부는 주된 사업의 과세 및 면세 여부를 따른다. 주택신축판매업을 주 업종으로 하는 A씨가 주택(국민주택규모 이하)임대사업을 하기 위해 주택을 취득해 상시주거용으로 임대하다 양도하는 경우, 상시주거용 주택의 양도는 주택신축판매업 면세사업의 일시적 공급으로 보아 부가가치세가 면제된다.

02. 상가임대 사업자가 상가(토지, 건물)를 매수인에게 일괄 양도하며 매매특약사항으로 매수인이 건물을 철거해 토지만 사용하기로 하는 경우, 건물의 공급가액 산정 방법은?

Q A씨(매도인)는 상가임대업을 영위하던 중 2021년 11월 상가의 토지와 건물을 매매하는 계약을 B씨(매수인)와 체결했다. A씨와 B씨는 토지와 건물을 일괄매각하기로 하나 건물을 철거해 토지만을 사용할 계획으로 매매특약사항을 체결했으며, A씨는 B씨가 철거에 필요한 서류를 협조해주기로 했다. 한편, 계약서상 구분된 토지와 건물의 가액은 기준시가로 안분계산한 금액과 30% 이상 차이가 났다.

이때 A씨가 B씨와의 토지, 건물 일괄 양도계약의 매매특약사항으로 매수인이 건물을 철거해서 토지만 사용하기로 한 경우, 건물의 공급가액은 어떻게 계산해야 할까?

A 실제거래가액으로 한다. 토지와 건물의 계약서상 금액과 기준시가로 안분계산한 금액이 30% 이상 차이가 발생하는 경우, 토지와 건물의 공급가액은 기준시가를 토지와 건물의 공급가액으로 하나 매수인이 매매특약사항에 의해 토지와 건물을 함께 공급받은 후 건물을 철거하고 토지만 사용하는 경우의 건물의 공급가액은 실제거래가액으로 한다.

03. 주택임대사업자가 상시주거용으로 임대하던 주택을 매매계약 특약사항에 따라 잔금 지급 전 근린생활시설로 용도변경 후 양도한 경우, 부가가치세가 과세될까?

Q A씨는 주거용 건물 임대업을 영위하고 있던 중, B씨와의 부동산 매매계약을 체결했고, 매매계약 특약사항에 따라 잔금 지급 전 주택을 근린생활시설로 용도변경을 한 후 2022년 1월 해당 건물을 양도했다. 양도한 건물은 주택으로만 임대했고, 근린생활시설로 임대한 사실은 없다.

이때 주택임대사업자인 A씨가 상시주거용으로 임대하던 주택을 매매계약 특약사항에 따라 잔금 지급 전 근린생활시설로 용도변경해서 양도한 경우, 부가가치세가 과세될까?

A 과세되지 않는다. 주택임대사업자인 A씨가 상시주거용으로 임대하던 주택을 근린생활시설로 용도변경 후 근린생활시설로 임대하지 않고 주택으로 임대하다가 양도한 경우, 주택임대사업과 관련해 일시적으로 근린생활시설로 공급되는 재화에 해당해 주된 사업인 주택임대사업에 따라 부가가치세가 면제된다.

04. 셰어하우스, 게스트하우스를 임대하는 사업자의 임대용역에 부가가치세가 과세될까?

A 부가가치세가 과세된다. 상시주거용 일반 단독주택에 대한 임대용역은 부가가치세가 면제된다. 하지만 입주자가 거실, 주방 등 일부 공간을 공유하는 형태의 단독주택(셰어하우스)과 일반 방문객의 스마트기술 체험장소로 사용하는 단독주택(게스트하우스) 및 커뮤니티센터에 대한 임대용역은 상시주거용 주택이 아닌, 사업을 위한 주거용인 것으로 보아 부가가치세가 과세된다.

05. 상가임대업자가 포괄 양도를 위해 지급한 중개수수료의 매입세액 공제가 가능할까?

Q 상가임대업을 영위하는 과세사업자인 A씨는 상가임대업을 포괄양수도 형태로 B씨에게 양도하려고 한다. 이때 A씨는 상가 양도와 관련해 부동산 중개업자로부터 중개수수료에 대한 세금계산서를 발급받았다. A씨가 사업의 포괄양수도를 위해 지급한 중개수수료는 부가세 매입세액 공제가 가능할까?

A 가능하다. 부가가치세 과세 대상인 부동산 임대업을 영위하던 사업자가 임대사업을 사업의 포괄양수도로 양도하면서 부담한 중개수수료 관련 매입세액은 사업과 관련된 매입세액으로 보아 매출세액에서 공제된다.

06. 임대용역을 제공하고도 임대료를 받지 못한 경우, 부가가치세를 납부해야 할까?

Q A씨는 부동산 임대업자로 2018년 4월부터 2년간 B씨와의 임대차계약을 체결해 임대료를 받아오다가 2020년 12월부터 임차인의 사업 부진 등의 이유로 임대료 지급을 미루다가 2021년 5월 말 임차인이 도주했다. 이 경우 임대료를 받지 못한 상황에서도 부가가치세를 납부해야 할까?

A 납부해야 한다. 부동산 임대업을 영위하는 일반과세자가 실질적으로 임대용역을 제공하는 경우에는 그 대가를 받는지 여부와 관계없이 대가의 각 부분을 받기로 한 때에 임차인에게 세금계산서를 교부하고 부가가치세를 신고·납부해야 한다.

07. 아들이 아버지 소유 토지 위에 건물 임대업을 하면서 아버지에게 토지 사용 대가를 지급하지 않는다면, 부가가치세가 과세될까?

Q A씨는 A씨 아버지 소유의 토지 위에 건물을 단독 소유하면서 해당 건물에서 임대업을 운영하고 있으며, A씨는 A씨 아버지 소유 토지를 무상사용하고 있다. 토지 임대는 원칙적으로 과세인 것으로 아는데, 토지를 무상으로 사용하고 있다면 부가가치세가 과세될까?

A 부가가치세가 과세된다. 부동산 임대업을 영위하는 경우 건물 임대는 부가가치세가 과세되고, 주택임대는 국민주택규모와 관계없이 부가가치세가 면제된다. 토지의 임대는 부가가치세가 과세되나, 주택의 부수토지로서 일정 규모 이하는 부가가치세가 면제된다.

구분	건물 임대	토지 임대
부동산 임대업	원칙 : 과세 예외 : 주택임대는 면세 (국민주택규모와 관계없음)	원칙 : 과세 예외 : 주택의 부수토지로서 일정 규모 이하는 면세

따라서, A씨 아버지는 A씨에게 토지를 무상으로 임대해주고 있으므로 부가가치세 과세 대상이며, 그 과세표준은 임대료의 시가로 한다.

08. 부동산 임대업의 지점 매출을 본점 매출에 합산한 경우, 부가가치세 가산세는?

A 부동산 임대업의 사업장은 부동산의 등기부상 소재지로 등기부상 소재지마다 사업자등록을 내어 사업장마다 부가가치세 예정신고 및 확정신고를 해야 한다. 다만, 지점사업자등록을 내지 않고, 지점 매출과 관련해 본점 명의로 세금계산서를 발급하고 부가가치세 신고를 하는 경우가 있는데, 이 경우 지점에 관한 부가세 예정신고 및 확정신고로서의 효력이 없다고 본다.

즉, 동일한 납세의무자라도 사업자 단위 과세사업자가 아닌 자는 사업장마다 사업자등록을 하고, 그 사업장마다 부가가치세를 별도로 계산해서 신고·납부해야 한다. 그러므로 2개 이상의 사업장을 가진 사업자가 지점에 관해 별도의 사업자등록을 안 한 탓으로 지점의 공급가액을 본점의 공급가액에 포함시켜 부가가치세를 계산하고, 그 예정 및 확정신고를 본점의 관할 세무서장에게 했다면, 그 신고는 본점과 별개의 사업장인 지점에 관한 예정 및 확정신고로서는 효력이 없다고 본다.

따라서, 2개 이상의 사업장을 가진 사업자가 지점에 관해 별도의 사업자등록을 하지 않아 지점의 공급가액을 본점의 공급가액에 포함시켜 부가가치세를 계산하고, 그 예정 및 확정신고를 본점의 관할 세무서장에게 했다면, 그 신고는 본점과 별개의 사업장인 지점에 관한 예정 및 확정신고로서는 효력이 없어 무신고 및 세금계산서 가산세(재화 또는 용역을 공급하고 실제로 재화 또는 용역을 공급하는 자 이외의 명의로 세금계산서를 교부한 부분에 대한 가산세)가 적용된다.

09. 부동산 임대업(과세사업)과 면세사업을 겸영하는 사업자가 부동산 임대업만 특정해서 양도하는 경우, 사업의 포괄적 양도로 볼 수 있을까?

Q A법인은 4층 건물을 소유하며 1층은 면세사업(출판, 도서 등 판매, 학원 등)을 영위하고, 2~4층은 과세사업(상가임대업)을 영위하고 있다. 이때, 면세사업 부문을 제외하고 과세사업인 부동산 임대업만 특정해 부동산 임대업에 관한 모든 권리와 의무를 B법인에게 승계하려고 한다. 이때, 면세사업을 제외하고 부동산 임대업만 특정해 사업을 양도하는 경우, 사업의 포괄적 양도로 보아 부가가치세가 면제될까?

A 면제된다. 부가가치세가 면제되는 사업과 과세되는 부동산 임대업을 겸영하는 사업자가 면세사업 부문을 제외하고, 과세사업인 임대업만 특정해 임대업에 관한 모든 권리와 의무를 승계시키거나 과세·면세사업 전체를 포괄적으로 승계시키는 경우에도 사업의 양도에 해당해 부가가치세가 면제된다.

10. 일부 공실 상태의 건물을 포괄양도양수로 인수한 후, 양수인이 직접 공실을 사용하는 경우에도 사업의 양도에 해당할까?

Q A씨는 상가주택(지하 1층~지상 3층)을 구입하면서 양도인과 사업의 포괄양도양수 조건으로 매매계약 후 취득해서 부동산 임대사업자등록을 했다. 매매계약 당시 지하 1층, 2~3층(주택)은 공실, 1층은 미용실 및 여행사 임대 상태였으며, 포괄양수도로 인수해 2개월이 지난 현재까지 임대가 되지 않아 공실 중 일부를 A씨가 직접 사용(사업 영업 등)할 계획이다. 이때, 일부 공실 상태의 건물을 포괄양도양수로 인수한 후 양수인이 직접 공실을 사용하는 경우에도 사업의 양도에 해당할까?

A 해당한다. 부동산 임대업을 영위하는 사업자가 임대업에 사용하던 건물 및 임대보증금 등 임대사업에 관련된 모든 권리와 의무를 포괄적으로 승계시킨 후, 양수자가 승계받은 건물을 임대업에 사용하다가 건물의 일부를 양수자의 다른 사업에 직접 사용하는 때에도 당초 사업양도에는 영향을 미치지 않는다. 따라서, 양수인이 일부 공실을 직접 사업에 사용하더라도 사업양도에 해당한다.

11. 부동산 임대업을 영위하다가 양도하려고 하는데, 폐업 전에 양도하는 부분과 폐업 후에 양도하는 부분이 차이가 있다던데 어떤 차이가 있을까?

A 부동산 임대업을 영위하는 사업자는 폐업 전에 부동산을 양도하는 경우와 폐업 후에 부동산을 양도하는 경우가 있을 수 있다.

(1) 폐업 전 부동산 양도

사업자가 폐업 전에 양수인에게 부동산을 양도하는 것은 사업의 양도로, 만약 포괄적 양도라면 부가가치세 과세 대상은 아니나 포괄적 양도가 아니라면 건물분에 대한 부가가치세는 과세 대상일 것이다. 포괄적 양도가 아닌 경우, 부가가치세는 일반적으로 양수도 계약서상 건물양도가액의 10%다.

(2) 폐업 후 부동산 양도

사업자가 폐업을 하면 사업자가 아니므로 부가가치세법상의 납세의무자가 아니다. 이때, 부가가치세법에서는 폐업일에 남아 있는 재화를 자기에게 공급한 것으로 보아 폐업 시 잔존재화로 부가가치세가 과세된다. 이 경우, 부동산의 공급가액은 다음과 같이 계산된다.

$$\text{공급가액} = \text{해당 재화의 취득가액} \times (1 - \frac{5}{100} \times \text{경과된 과세 기간의 수})$$

* 해당 재화의 취득가액 : 매입세액공제를 받은 재화

폐업 시 잔존재화로 과세되려면 취득 시 매입세액이 공제되어야 하며, 경과된 과세기간의 수는 과세기간 단위로 계산한다.

다만, 사업양도자가 매입세액을 공제받은 재화로서 사업자가 사업의 포괄양수도로 취득한 재화로, 해당 재화가 폐업 시 잔존재화에 해당한다면, 부가가치세 과세 대상에 해당한다. 이때, 재화의 경과된 과세기간의 수는 해당 사업의 양도자가 당초 취득한 날을 기준으로 해서 계산하며, '취득한 날'이란 재화가 실제로 사업에 사용된 날을 말하며, 재화의 취득가액은 사업양도자가 매입세액 공제를 받은 재화의 취득가액을 말한다.

(3) 폐업의 구분

사업자가 폐업한 경우에는 사업장별로 그 사업을 실질적으로 폐업하는 날을 폐업일로 본다. 다만, 폐업한 날이 분명하지 아니한 경우에는 폐업신고서의 접수일을 폐업일로 본다. 만약, 부동산 임대업을 영위하던 사업자가 임대사업에 사용하던 건물에 대한 매매계약을 체결하고, 계약금과 중도금은 받고 잔금을 수령하지 않은 상태에서 폐업한 경우, 그 폐업일에 해당 재화를 공급한 것으로 보아 실제 거래금액을 부가가치세 과세표준으로 한다. 이는 폐업 전에 건물에 대한 매매계약을 체결하고, 거래가액을 확정해 건물에 대한 부가가치세를 상대방에게 전가시킬 수 있었다 할 것이므로, 폐업일을 공급 시기로 하고 거래가액을 기준으로 과세표준을 계산하며, 폐업 시 잔존재화로 과세하지 않는다.

12. 신축 중인 건물을 분양받아 사업개시 전 사업자등록을 하고 건물 완공 전에 양도한 경우, 사업의 포괄적 양도로 볼 수 있을까?

Q A씨는 건설 중인 상가를 분양받아 부동산 임대업을 영위하기 위해 사업개시 전 일반과세자로 사업자등록을 해서 계약금 및 중도금을 불입했고, 이에 대한 매입세액 공제를 받아오던 중 부동산 임대업을 시작하지 않은 상태에서 동일한 부동산 임대업 일반과세자로 등록한 B씨에게 그 사업에 관한 권리와 의무를 포괄적으로 승계시키는 경우, 사업의 포괄적 양도에 해당해 부가가치세가 과세되지 않을까?

A 과세되지 않는다. 신축 중인 건물을 분양받아 부동산 임대업을 영위하기 위해 사업개시 전 사업자등록을 한 자가 해당 건물을 완공하기 전에 그 사업에 관한 권리와 의무를 포괄적으로 승계시켰다면, 사업의 포괄적 양도로 보아 부가가치세가 과세되지 않는다.

제9장

상속세 및
증여세법

01. 피상속인이 주택 부수토지를 소유하고 있던 중 주택 부수토지에 대한 상속이 이루어진 경우, 동거주택상속공제 적용이 가능할까?

Q 1994년 1월 이후 A씨의 부친은 주택 부수토지(11억 원 상당), A씨의 모친은 주택건물(500만 원 상당)을 소유하고 있었다. A씨와 부모는 해당 주택에서 1세대를 구성해 10년 이상 동거했다. 최근 부친이 사망해 직계비속인 A씨가 해당 주택 부수토지를 상속받고, 현재 모친과 함께 해당 주택에서 계속 거주하고 있다. 이때 A씨의 부친이 소유한 주택 부수토지를 상속받은 경우, A씨는 동거주택 상속공제를 적용받을 수 있을까?

A 적용받을 수 없다. 동거주택 상속공제는 다음의 요건을 모두 갖춘 상속주택가액을 상속세 과세가액에서 공제하도록 하고 있다.

① 피상속인과 상속인이 상속개시일부터 소급해 10년 이상 계속해서 하나의 주택에서 동거할 것

② 피상속인과 상속인이 상속개시일로부터 소급해 10년 이상 계속해서 1세대를 구성하면서 1세대 1주택에 해당할 것

③ 상속개시일 현재, 무주택자이거나 피상속인과 공동으로 1세대 1주택을 보유한 자로서 피상속인과 동거한 상속인이 상속받은 주택일 것

따라서, A씨의 부친이 소유한 주택 부수토지의 경우 주택이 아닌 주택 부수토지이기 때문에 동거주택 상속공제를 적용받을 수 없다.

02. 상속인의 동일세대원이 공동상속주택 소수지분자인 경우, 동거주택 상속공제 적용이 가능할까?

Q 피상속인 A씨와 상속인 B(피상속인 A의 딸)는 A씨가 사망할 때까지 A 주택에서 15년간 동거했다. 해당 주택은 피상속인 A(2/5), 상속인 B(1/5), 그 외 상속인 (2/5)의 지분을 보유하고 있었다. 또한, 상속인 B의 남편 C 는 피상속인 A의 사망 전에 B주택 지분 1/3을 소유하고 있었는데, 해당 주택 은 C의 부친으로부터 상속받은 주택으로, C는 공동상속주택 소수지분자에 해 당한다(공동상속주택의 경우, 상속주택의 지분이 가장 큰 자, 당해 주택에 거주하는 자, 최연장자 순으 로 주택을 소유한 것으로 본다). 이때 상속인의 동일세대원이 공동상속주택 소수지분 을 소유한 경우, 동거주택 상속공제를 적용받을 수 있을까?

A 적용받지 못한다. 가업상속공제 요건 가운데 피상속인과 상속 인이 상속개시일로부터 소급해 10년 이상 계속해서 1세대를 구성하면서 1세대 1주택에 해당해야 한다. 피상속인 A, 상속인 B, 남 편 C가 별도 세대가 아니라면 1세대로 포함될 수 있다. 그렇다면 1세 대 1주택만 가능하다면 가업상속공제를 적용받을 수 있을 텐데, 남편 C가 보유하고 있는 상속주택의 소수지분의 경우에는 주택수에 포함 되기 때문에 1세대 1주택이 아니라, 1세대 2주택에 해당해 동거주택 상속공제를 적용받지 못한다.

03. 건물 중 일부는 임대되고 일부는 임대되지 않은 경우, 건물은 어떻게 평가할까?

Q A씨는 임대 부동산* 지분 50%를 2020년 11월 18일 자녀 2명에게 기준시가보다 낮은 가액에 양도했다.

*층별 또는 호별 구분등기 되지 않은 1동의 상가건물로, 전체 3개의 상가 호실 중 양도일 현재, 1개 호실이 공실 상태다.

해당 거래는 특수관계인 간 거래로서, 상증세법상 시가 산정이 필요하다. 이때 3개의 상가 호수 중 1개 호수는 공실인 경우, 공실인 호실과 그 이외의 임대 호실은 어떻게 평가되어야 할까?

A 평가기준일 현재, 1동의 건물 중 일부가 임대되고 일부가 임대되지 않은 경우, 임대된 부분과 임대되지 않은 부분을 구분해 임대 부분은 '임대료 등의 환산가액과 기준시가 중 큰 금액'으로, 공실은 '기준시가'로 평가해 계산한다.

04. 동거주택 상속공제를 적용받을 경우, 1세대 1주택 여부 판단 시 2021 이후 취득한 주택 분양권도 주택수에 포함될까?

Q 피상속인 A씨는 2021년 5월 사망했으며, 상속개시일 현재 주택 1채를 소유하고 있었다. 상속개시일 현재 상속인 B(배우자)는 2019년 12월 취득한 아파트 분양권, 상속인 C(자녀)는 2021년 3월에 취득한 아파트 분양권을 각 1개씩 보유하고 있다. 동거주택 상속공제를 적용받을 경우, 1세대 1주택 여부 판단 시 B와 C가 보유하고 있는 아파트 분양권을 주택수에 포함시켜야 할까?

A 포함하지 않는다. 2021년부터 취득하는 분양권의 주택수 포함은 양도소득세를 적용함에 있어 주택수에 포함시키는 것으로, 동거주택 상속공제 적용 시 상속세 관련 주택수에는 포함시키지 않는다.

05. 주거용 오피스텔을 상속받는 경우, 동거주택 상속공제가 가능할까?

Q 2002년 9월 6일 A씨는 A오피스텔을 취득했고, 2022년 A씨의 사망으로 그의 배우자인 B씨가 해당 A오피스텔을 상속받으려 한다. 이때, 배우자와 같이 동거하며, 10년 이상 주거용으로 거주하던 오피스텔을 상속받는 경우 동거주택 상속공제가 적용 가능할까?

A 가능하다. '주택'은 공부상 용도 구분과 관계없이 사실상 상시 주거용으로 사용하는 건물을 의미하므로, 상시주거용으로 사용한 오피스텔이라면 동거주택 상속공제가 가능한 주택에 해당한다.

06. 꼬마빌딩을 상속 시 빌딩가격을 기준시가로 계산한 이후 감정가액으로 평가함에 따라 세금을 추가 납부하는 경우, 가산세도 내야 하나?

A 가산세는 내지 않아도 된다. 부동산 중 아파트·오피스텔 등은 면적·위치·용도 등이 유사한 물건이 많아 매매사례가액 등을 상속·증여재산의 시가로 활용할 수 있지만, 비주거용 부동산은 아파트 등과 달리 물건별로 개별적 특성이 강해 비교 대상 물건이 거의 없고, 거래도 빈번하지 않아 매매사례가액 등을 확인하기 어려운 특성이 있다.

따라서, 대부분 공시가격으로 상속·증여재산을 평가·신고하고 있으나 공시가격 현실화율이 현저하게 낮아 일부 자산가들이 저평가된 꼬마빌딩 등 비주거용 부동산을 편법 증여 수단으로 악용하는 사례가 있었다. 이에 국세청은 불공정한 평가 관행을 개선하고, 과세형평성을 제고하기 위해 감정평가사업을 시행하게 되었다. 이때, 납세자가 상속·증여재산에 대해 보충적 평가 방법에 따라 신고했으나, 과세관청이 평가심의위원회를 거쳐 감정가액을 시가로 평가함에 따라 추가 납부할 세액이 발생하는 경우, 신고불성실 가산세 및 납부지연 가산세는 부담하지 않도록 했다.

07. 증여세 자진신고 후 증여세 신고일 이전에 국토교통부 실거래가 공개시스템에서 유사매매사례가액이 확인되는 경우, 증여세 수정 신고를 해야 하나?

Q A씨는 2020년 5월 주택을 증여받고 2020년 6월 1일에 증여세를 신고했다. 증여세 신고 당시 '국토교통부 실거래가 공개시스템'을 조회했는데, 유사 재산의 거래사례가 전혀 없어 고시된 '공동주택가격'으로 평가했다. 증여세 신고 이후 최근에 '국토교통부 실거래가 공개시스템'을 다시 조회했는데, 2020년 6월 신고된 유사주택이 있음을 발견했다.

부동산 거래 현황

구분	증여주택	유사주택	비고
증여 계약	2020.5.19.	–	
증여 등기	2020.5.22.	–	
유사주택 매매계약	–	2020.5.23.	
증여세 신고	2020.6.1.	–	
부동산 거래 신고	–	2020.6.18.	구청에 신고
유사주택 매매 등기	–	2020.7.2.	

이때 증여세 자진신고인 2020년 6월 1일 이후 매매계약일이 증여세 신고일 이전(2020년 5월 23일)인 유사 재산의 실거래가가 공개된 경우, 기존에 신고한 증여재산을 그 유사재산가액으로 평가해 수정 신고해야 할까?

A 수정 신고해야 한다. 시가로 보는 매매가액은 상속세 또는 증여세 과세표준을 신고한 경우, 상속세는 평가기준일 전후 6개월, 증여세는 평가기준일 전 6개월, 평기기준일 후 3개월 이내의 신고일까지 매매계약이 체결된 금액을 말한다. 따라서, 평가기준일인 증여일로부터 3개월 이내의 신고일인 2020년 6월 1일까지 유사주택에 대한 매매계약이 2020년 5월 23일에 체결되었으므로 신고 시점까지 유사재산의 국토교통부 실거래가 공개되었는지의 여부와 무관하게 해당 매매계약일의 금액을 유사매매사례가액으로 보아 수정 신고해야 한다.

08. 부동산의 일부 지분을 증여하는 경우, 일부 지분에 해당하는 부동산 기준시가가 10억 원 이하이면 하나의 감정기관에 감정평가를 의뢰하면 될까?

Q A씨는 전체 부동산의 기준시가가 21억 원인 상가건물(토지 포함) 가운데 1/3을 상속받게 되었다. A씨가 상속받은 재산의 기준시가는 1/3에 해당하는 7억 원이다. 해당 건물을 하나의 감정기관에 감정을 의뢰해 감정받은 결과, 전체 부동산의 감정가액은 25억 원으로 확인되었다.

시가로 판단하는 감정가액의 경우, 부동산의 기준시가가 10억 원 이하라면 하나의 감정기관에 감정평가를 의뢰하고, 10억 원이 초과되면 둘 이상의 감정기관에 감정평가를 의뢰해야 되는데, 이 경우 기준시가 10억 원의 기준을 전체 상가건물의 기준시가인 21억 원으로 판단해야 할까? 아니면 A씨가 상속받는 1/3에 해당하는 7억 원으로 봐야 할까?

A 전체 상가건물의 기준시가인 21억 원으로 판단해야 한다.
부동산의 일부 지분을 증여하거나 상속하는 경우, 당해 부동산의 전체 기준시가가 10억 원 이하인 경우에 한해 하나의 감정기관의 감정가액을 시가로 인정받을 수 있다.

09. 증여 당시 사실혼 관계에 있다면
배우자 공제 6억 원을 적용받을 수 있을까?

Q A씨는 2010년 10월 16일 상가건물 1/2의 지분을 사실혼 관계인 B씨로부터 증여받고, 배우자 공제 6억 원이 가능할 것으로 판단해 증여세 신고를 하지 않았다. 국세청에서는 사실혼 관계에 있는 배우자는 배우자 공제 6억 원을 적용받지 못한다고 보아 증여세를 과세했다. A씨는 배우자 공제 6억 원을 적용받을 수 없을까?

A 적용받을 수 없다. '상속세 및 증여세법'에서 규정하고 있는 배우자란 '민법'상 혼인관계에 있는 배우자를 말하므로, 부동산 증여 당시 사실혼 관계에 있는 자는 배우자 공제 6억 원을 적용받지 못한다.

10. 아버지 소유 토지에 아들이 근저당을 해 아들 명의로 은행으로부터 대출을 받아 아들이 대출을 갚는다면 세금적으로 문제되지 않을까?

A 세법에서는 아버지 소유 토지에 아들이 근저당을 해서 아들 명의로 대출받아 아들이 비록 대출 전액을 갚는다고 하더라도 애당초 아들은 아버지 소유의 담보가 없었다면 대출 자체를 받을 수 없는 것으로 본다. 따라서 아들이 아버지 소유 토지를 이용해 대출받은 부분에 대한 이익을 얻은 것으로 보아 증여세를 부과한다. 다만, 그 이익에 상당하는 금액이 1,000만 원 미만인 경우는 제외한다. 해당 이익은 차입금에 4.6%를 곱해서 계산한 금액을 말한다.

예를 들어, 우리 사례에서 아들이 아버지 명의로 차입금 1억 원을 1년간 빌렸다면 1억 원 × 4.6% = 460만 원으로 이익에 상당하는 금액이 1,000만 원 미만이기 때문에 증여세 부담은 없다. 다만, 아버지 명의로 차입금 3억 원을 1년간 빌렸다면 3억 원 × 4.6% = 1,380만 원으로 1,000만 원 이상이기 때문에 이 경우 1,380만 원은 아들의 증여세로 과세가 된다.

11. 손자의 대학등록금을 대신 내주는 경우에도 증여세가 과세될까?

A 증여세가 과세될 수도 있고, 과세되지 않을 수도 있다. '상속세 및 증여세법'에서는 사회통념상 인정되는 피부양자의 교육비에 대해서는 증여세를 부과하지 않는다고 규정한다. 즉 부모가 경제적인 능력이 없어 조부모가 손자의 실질적인 부양의무가 있다면, 교육비에 대해서는 증여세를 부과하지 않겠지만, 부모가 경제적인 능력이 있어 손자의 피부양자로서의 역할을 다할 수 있다면, 조부모의 대학등록금 지원은 증여세로 과세될 수 있다. 또한, 피부양자의 교육비이기 때문에 손자가 대학교 등록금, 생활비 등을 감당할 수 있을 정도의 수입이 있어 실질적으로 피부양자가 필요하지 않은 상황에서 받은 대학등록금의 경우, 증여세로 과세될 수 있다.

12. 양자 입적하더라도 직계비속에 대한 증여공제가 가능할까?

Q A씨는 성인으로 현재 23살이다. A씨의 삼촌에게는 자녀가 없었는데 평소 A씨가 삼촌에게 워낙에 잘했기 때문에 삼촌은 A씨를 성인 양자로 삼아 삼촌이 가진 재산을 A씨에게 증여할 계획이다. 이 경우 A씨는 삼촌의 양자인 동시에 친부모가 있기 때문에 친부모와 양부모에 대한 증여를 받더라도 모두 증여재산공제를 적용받을 수 있을까?

A 적용받을 수 있다. '상속세 및 증여세법'상의 직계 존·비속이라 함은 '민법' 제768조의 규정에 의한 본인의 직계존속과 직계비속의 혈족뿐만 아니라 양부모와 그 직계존비속을 포함한다. 양자는 입양된 때부터 양부모의 친자식과 같은 지위를 갖게 된다. 또한, 양자로 입양 전의 친부모와의 친자관계는 그대로 유지된다. 따라서, A씨는 삼촌에게 양자로 입양되더라도 삼촌으로부터 증여를 받고, 친부모로부터 증여받는 경우 각각 5,000만 원(미성년자의 경우 2,000만 원)의 증여재산공제를 적용받을 수 있다.

부동산 절세고수의
100문 100답

제1판 1쇄 2023년 8월 31일

지은이 김리석
펴낸이 최경선　　　　**펴낸곳** 매경출판㈜
기획제작 ㈜두드림미디어
책임편집 최윤경, 배성분　　　**디자인** 김진나(nah1052@naver.com)
마케팅 김성현, 한동우, 구민지

매경출판㈜
등록 2003년 4월 24일(No. 2-3759)
주소 (04557) 서울시 중구 충무로 2(필동 1가) 매일경제 별관 2층 매경출판㈜
홈페이지 www.mkbook.co.kr
전화 02)333-3577
이메일 dodreamedia@naver.com(원고 투고 및 출판 관련 문의)
인쇄·제본 ㈜M-print 031)8071-0961

ISBN 979-11-6484-604-7 (03320)

같이 읽으면 좋은 책들

세금 모르고 건축하다가는 폭망 손해본다!
신방수 세무사의
신축 · 리모델링
건축주 세무
가이드북

건축주가 세무사이라면 국내최초의 절세비법 무엇일까?

토통령의
답이
정해져 있는
땅 투자

살 사람은 이미 정해져 있다

소액 투자와 단계별 고수들의 핵심을 만드는
스마트하고 계량한 실전 토지 투자 가이드

당신도 5년 안에
100억
부동산 부자가
될 수 있다

10년간 부동산 성공의 원칙에서 실전 투자 노하우
인정적인 노후 생활과
자산 증가의 해법은 소형건물에 있다

대박나는 부동산 중개
핵심
공인중개사
실무 교육

실무 찾는 공인중개사들과 연습에 고수의 면접에 풀려준 시크릿 노트
부동산 중개의 고수들이 몰래 보는
공인중개사 필독서

스스로 사고파는 상위 1%
토지 투자
비밀 과외

지금 당장! 도저가 내게!

감정평가사와 함께 실전분석
부동산의
가치를
높이는
방법

부동산 투자자에서 넘어서 부동산 사업가가 되자

실적은 원자재이거나 공연 뜨거워진 부분은 10%
똑똑한 사람들은
월세 낼 돈으로
건물주 돼서
창업한다!

창업하기 전에
문답북에서 시작하셨다!

부동산
공 매
이렇게 쉬웠어?
공매 실무와 실전 사례

부동산
공 매
이렇게 쉬웠어?
읽기 쉬운 기초 공매

오피스텔
투자 바이블
35살, 35채로 인생을 바꾸다

부동산 전문 세무사, 회계사가 알려주는
똑똑한 절세 방법
부동산
법인이
답이다!
[실전 운영 필수 사례 편]

절세의 모든 기술
부동산 법인에 있다!

투자 왕초보도 직접 경험하고 설명할 수 있는
부동산 법인 A to Z

투자 초보자도
쉽게 따라 하는
부동산
대출의
기술

부동산 대출이 두려운 그대에게

오르는 땅은
이미
정해져 있다

100곳의 발품 사면 100곳이 오른다!

이것이 진짜
토지 개발이다

생각하는
공인중개사가
생존한다!

이때 재건축 · 재개발 세금이 반쯤 쉬워진다 !
신방수 세무사의
재건축
재개발
세무
가이드북

실전 편

부린이 탈출을 위한
부동산
투자입문서

대한민국 부동산 초보자가 꼭 알아야 할
돈 버는 투자의 정석

신〇의 재테크
GPL 아파트 담보대출로
매일매일 돈 벌어주는
남자

현명한 부동산 투자의 시작
숨어 있는
토지 개발로
10억
만들기

개발해서 돈 되는 땅은 따로 있다

부자의 첫걸음
내 집 마련

이제는 무주택자, 오늘은 상위 1%, 내일은 슈퍼리치

부자 경매의 시작
알기 쉬운 특수 경매

뭐든 알고 있으면 좋다! 누구나 경매 투자할 수 있다!

신방수 세무사의
확 바뀐 부동산 매매사업자 세무 가이드북
실전 편

집을 바게 사려면 내재가치를 마스터하라!
내 집을 싸게 사는 최고의 방법

내 집의 가치는 얼마나 될까? 작은 투자금으로 부동산 수익률을 최대화하라!

서울시 공정경제과 황박사가 알려주는
NEW 상가임대차 분쟁 솔루션

100가지 상가임대차 분쟁을 해결하는 맞춤 솔루션!
상담전문가의 생생한 Q & A 사례로 분쟁 해결 가이드!

멈출 수 없는 UNSTOPPABLE
공간개발의 미래라지에와 부동산 투자의 새로운 시작

신방수 세무사의
주택임대사업자 등록말소주택
절세 가이드북

이제 전문거래도 놓치고 있는 등록임대주택에 대한 세금이 진화 어떻대!!

부동산 성공 투자의 시작
알기 쉬운 경매 실무

물품 펼면 성공이 보인다

RESTART 부동산 투자
아무도 말해주지 않는 불변의 성공비법

극한직업
건물주

꼬마빌딩 건축

신방수 세무사의
확 바뀐 상가 빌딩
절세 가이드북

상가·빌딩 세금 모르면 진짜 손해본다!

우대빵과 함께하는
성공 부동산 중개사무소 창업

투명하게 공정하게! 부동산 중개 시장을 바꾼다

수익형과 차익형 두 마리 토끼를 잡는
지식산업센터 투자의 정석

닥치고 현장!
소액자본으로 부동산 부자되기

신방수 세무사의
부동산 증여에 관한 모든 것

일반과아버지 부담부증여까지 내게게 꼭 맞는 증여 전략을 찾을 수 있다!

부자 경매의 시작
알기 쉬운 기초 경매

볼 줄 알고 읽을 줄만 알면 경매는 한다

라첼과 함께 공부하는
셀프 경매 바이블

실전 사례로 풀어보는
상가 셀프 경매의 정석

*** 상가 경매로 노후 대책 마련하기 ***

닥치고 현장! 부동산에 미치다

부동산 부자의 답은 현장에 있다!

돈 버는 주택임대 관리기법

10%대 수익률을 위한 최고의 부동산 재테크
P2P 투자의 정석

부동산으로 이룬 부자의 꿈

아파트 경매, 지역 분석이 먼저다

매매 사례를 중심으로 살펴보는
대박 친 빌딩 투자의 비밀

부자가 되기 위한 부동산 요리법
정준환의 부동산 레시피

초보를 위한 취업과 창업 완벽 가이드
잘나가는 공인중개사의 비밀노트

新 명품 토지 중개 실무

실패 없는 부동산 재테크다이
돈 길 따라가는 부동산 투자

부동산 세무 Real estate Tax Guide Book
실전편

개념부터 쉽게 배우는 부동산 필수 상식
돈 되는 부동산은 따로 있다

지식산업센터 투자 실전 편
부동산 투자, 아파트형 공장이 틈새다

2달 만에 월세 200만 원 받는
월세 부자 레시피

직장인들도 쉽게 따라할 수 있는
新 부동산 공매 가이드북
실전편

양도·증여·상속의 모든 것
기막힌 부동산 절세의 비밀

부동산 매매임대사업자 세무 Real estate Business Tax Guide Book
가이드북 실전편

나는 부동산 투자로 파산자에서 100억 부자가 되었다

지분경매, 공유지분, 독점경매

이것이 진짜 성공 경매다

결혼은 선택이지만 부동산 투자는 필수다

수익형 부동산 건축과 재테크 투자 비법
헌집 살래
새집 살래
건축을 알면
일과 부동산이 한눈에 보인다!

부자 되는
주택
임대사업

이제 대세는 수익형 부동산이다
평생 돈 걱정 없이 사는 월세 부자 되기

돈 버는
공인중개사는
따로 있다

전세가를 알면
부동산 투자
가 보인다

시장 심리를 파악하면, 투자 흐름이 보인다!

서울시 공장경제과
주무관이 알려주는
부동산
거래와
판례

스타들의
부동산
재테크

스타들이 좋아하는
부동산은 따로 있다!

지분 경매로
토지 개발업자 되기

부동산 재테크
역세권이
답이다

철도 & 역세권 15년 경력의 노하우

세무사 30년이 알려주는
세무조사
대비의 모든 것

주택 연출가
무조건 따라하기

커피 한 잔 값으로
초대형 오피스 주인 되기
리츠
얼리어답터

고수익을 안겨주는 블루오션 토지 경매
신의 한 수
금맥
경매

토지 경매로 금맥을 캐다!

주택
아파트
세무 가이드북
실전편

권리분석
완전정복으로
10년 안에
10억 벌기

고수가 알려주는 필지 타당 땅 투자법 모든 것
대한민국을
움직이는
땅 투자 법칙 100

흔한 직장인의 흔하지 않은 투잡 경매 성공기
돈의 보감
평범한 샐러리맨, 투잡 경매로
5년에 10억 벌다

경매로 재테크하고
NPL로 두 번째 월급 받다

나는 갭 투자로
300채 집주인이
되었다

아파트 300채 부자
박정수가 공개하는
화제의 투자법 대공개!

토지
세무
가이드북
실전편

新 상가
투자
보물
찾기

상가
세무
가이드북
실전편